I0815206

SUPER
VIVIENDO

PRÓLOGO DE **ANAMAR ORIHUELA**

PAULINA GREENHAM

SUPERVIVIENDO

Decídete a ser protagonista de tu historia

El papel utilizado para la impresión de este libro ha sido fabricado a partir de madera procedente de bosques y plantaciones gestionadas con los más altos estándares ambientales, garantizando una explotación de los recursos sostenible con el medio ambiente y beneficiosa para las personas.

Superviviendo
Decídete a ser protagonista de tu historia

Primera edición: septiembre, 2025

ISBN: 978-607-386-178-6

Impreso en México – *Printed in Mexico*

Índice

Prólogo

Conocí a Paulina hace varios años y siempre me gustó su energía auténtica, ligera y libre, y cada vez que coincidíamos en algún evento y la saludaba me quedaba con ganas de verla más, de conocerla mejor. En los últimos años he podido compartir más momentos con ella y conocerla a fondo, y me siento muy honrada de que me permita hoy escribir el prólogo de su primer libro, porque Paulina tiene mucho que contar en términos de sus propias batallas y crecimiento personal; es una mujer que ha trabajado para lograr sus sueños y cumplir sus metas todos los días; ha trabajado de manera profunda sus dolores y demonios, que la han puesto a prueba todo el tiempo.

Es una mamá sabia que siempre trata de preservar la sabiduría y libertad natas de Victoria, su hija, sin que sus heridas protagonicen su maternidad. Ella tiene muy claro cuáles son sus demonios y cómo ponerles límites frente a su hija para no trasmitírselos. Se dice fácil, pero es un tremendo reto de atención, amor y consciencia cotidianas.

Paulina es una mujer que se reinventa constantemente y, aunque muchas veces la vida no es como queremos, amo su actitud siempre abierta ante cualquier aprendizaje y circunstancia. Es también una mujer agradecida con todo lo que aprende. Sabe darles mérito a las personas; no en balde este libro está lleno de agradecimientos y recomendaciones de todo lo que ha aprendido y le ha funcionado de las personas e ideas que han impactado su vida y la han llevado a ser la mujer que hoy es.

Es una mujer con corazón y con verdades en su interior, y me siento feliz de poder compartirte lo que vas a vivir con su libro: deja de sobrevivir y empieza a súper vivir a través de estas páginas.

Todos los que buscamos cambiar los patrones de vida con los que hemos crecido, los modelos que nuestros padres nos enseñaron y que no queremos repetir, nos enfrentamos a una pregunta muy fuerte: ¿Qué modelo seguir? Aprendemos a través de paradigmas y referencias que nos puedan ofrecer una guía en nuestro paso por la vida, pero cuando queremos cambiar nuestros patrones de conducta solemos encontrarnos con vacíos y la falta de ejemplos a seguir, pues quizá nadie que conozcas es una referencia de lo que tú quieres ser o vivir.

Sin embargo, estoy convencida de que al leer este libro encontrarás un modelo inspirador de cómo vivir una vida más auténtica y aprender a mirar los retos de la existencia como un aprendizaje. En cada capítulo te descubrirás a ti mismo y podrás cuestionarte a profundidad de manera que puedas crecer.

Prólogo

Convertirnos en una mejor versión de nosotros mismos es un proceso largo y hermoso, descubrirnos todos los días lleva su tiempo, pero es la mejor forma de pasar nuestros días, es la única forma de elegir mejor, de sentir con consciencia, de tener mejores vínculos, de disfrutar nuestra existencia; es la mejor y única forma de vivir de verdad y no de solo sobrevivir. Es un proceso que nos invita a elegir nuestro camino y a las personas que nos inspiran para transitarlo acompañados de buenas ideas y ejemplos claros de cómo librar las batallas de la vida.

Ese proceso de encontrarnos a nosotros mismos es impostergable. Nos pasamos huyendo de quienes somos y tratando de ser lo que los demás esperan que seamos, y esa carrera es desgastante e interminable y nos deja frustrados y vacíos.

Aprendimos que para ser amados debíamos ser todo menos nosotros y, desafortunadamente, muchos hemos dedicado la vida entera a cumplir esas expectativas impuestas por alguien más o, en ocasiones, por nosotros mismos. Pero la existencia es sabia y amorosa, y nos permite, a través del dolor, regresar al lugar que venimos a ocupar, que no es sobreviviendo, sino como dice Paulina: superviviendo.

En este libro encontrarás un modelo para ser auténtico, con relatos honestos y vulnerables que serán una referencia si buscas inspiración para hacer cambios reales en tu vida. Es un libro VIVO, como yo le llamo a los libros con alma, donde Paulina se comparte completa, comparte momentos dolorosos y llenos de aprendizaje, en los que su actitud y fortaleza la han sacado adelante. Además, en cada capítulo hay cuestionarios y preguntas que te darán una guía para poder conocerte más y confrontar las ideas que te han llevado a ser lo que, quizá, ya no quieres ser más.

Creo que todos debemos hacer un trabajo honesto para cuestionar las creencias y las ideas que nos hacen percibir la realidad y a nosotros mismos de manera limitante y en este libro encontrarás varios espacios para confrontarte contigo y esas creencias.

Amo el tono auténtico, simple y práctico de *Superviviendo*, por ejemplo, la idea de que somos parecidos a "piñatas" y que nos llenamos de creencias limitantes es una joya metafórica que te ayudará de manera práctica y hasta divertida a entender aspectos muy profundos de ti que nos cuesta acomodar. "No hay que sacar la magia a palazos", dice Paulina, ja, ja, ja, ja, pero nos enseñaron y aprendimos que sí, que hay que ganarnos a palazos el reconocimiento, un lugar en la vida y hasta ser nosotros mismos a palazos y mediante la autopersecución porque no somos suficientes ni merecedores.

Cada capítulo es un viaje de autoconocimiento y aprendizaje, sin duda serás una persona más consciente de ti, de tus creencias limitantes, de lo que quieres en la vida y de cómo lograrlo de una manera mejor cuando termines este libro. Por supuesto, recomiendo que hagas las meditaciones y ejercicios propuestos en cada capítulo.

Paulina, qué bueno que te diste el mérito y el reconocimiento de escribir este libro. Me puedo imaginar que habrá sido una batalla todo el tiempo con la impostora que dice "¿Qué vas a escribir en este libro?", lo sé porque a mí todavía me pasa. Por último quiero que sepas que este libro es valioso y que va a tocar corazones, que escribirlo es un claro ejemplo de la mujer que tiene tanto que decir e inspirar, y que nunca lo pongas en duda.

Gracias por darme el honor de ser la primera en leerlo.

Anamar Orihuela

Introducción

Alguna vez te has preguntado algo de esto:

- ¿Quién soy?
- ¿Por qué y para qué estoy aquí?
- ¿Lo estoy haciendo bien?
- ¿Por qué no me puedo sentir plenamente feliz?
- ¿Esto es la vida?
- ¿Puedo ser más feliz?
- ¿Soy quien realmente quiero ser o soy lo que me dijeron que debía ser?
- ¿Estoy viviendo de verdad?

Son preguntas que quizás una o varias veces nos hemos hecho la mayoría; pero lo preocupante es que las respuestas pueden no ser lo que queremos, y no sabemos qué hacer o cómo cambiarlo, o sentimos que fue solo un momento de ridiculez y que basta de pensamientos cursis. Y entonces nos vamos al típico: "Esto es lo que hay, valora lo que tienes" (pensamiento aprendido).

Y no sé tú, pero la verdad no quiero acostumbrarme a sentirme más o menos o a vivir pensando que no me puedo quejar porque tengo salud y eso es lo importante, que ahí voy, pues podría estar peor.

No, eso no, no voy a conformarme con una vida a medias cuando puedo tener algo mucho mejor... Y esto depende solamente de mí.

Tener una vida mejor que la que tienes hoy depende de ti, de cada uno. **Y no lo digo solamente yo, la neurociencia nos explica cómo hacerlo.** Ya lo hablaremos más adelante.

Por eso estoy aquí escribiendo un libro, porque deseo que tú también encuentres la vida de tus sueños. No tengo la fórmula mágica, pero sí he descubierto muchas cosas maravillosas que te acercarán a ese lugar que deseas.

Jamás creí escribir un libro, de hecho, me tardé años en comenzar y mientras lo hacía pensaba que quizás no lo haría bien. No sabía bien cómo lograría ser económicamente independiente. Lo soñaba y lo imaginaba, es más, lo deseaba, y creo que eso me trajo hasta aquí, que aunque no sabía cómo, siempre creí que podría lograrlo.

Además, soy mamá, me siento feliz y plena conmigo, al menos casi siempre. No todos los días son perfectos, a veces desconfío, me da miedo, pero ya tengo muchos recursos para salir de ahí y volver al camino que quiero y que estoy forjando cada día.

Una diferencia enorme es que hoy me hago responsable de mí misma y me siento agradecida con la vida, con mi familia. Sentirme segura de mí misma no era un estado natural en mí, incluso ahora todos los días debo trabajar en ello para no caer en trampas y sentirme *insuficiente*... Estos miedos a ser traicionada, a no ser suficiente, me frenaban y me hacían dudar de mí. Hay que reflexionar y estar muy pendientes de uno mismo para quitarnos esas marcas tan profundas y reconectar con nuestro ser sin boicotear nuestra vida.

Para sentirnos suficientes hay que reconocer quiénes somos y para qué estamos aquí. El camino no ha sido *taaan* fácil, pero hoy me siento en la mejor temporada de mi serie y ¿sabes por qué?... Porque hoy mi serie la escribo *YO*. Cada capítulo. En algunos me equivoco y dudo, pero yo los escribo.

Decidí que no quiero ser un personaje de mi vida, sino la productora, escritora y protagonista, y quiero elegir a los personajes que saldrán en ella.

Te has puesto a pensar: ¿Tú en qué papel estás?, ¿quién escribe tu serie?, ¿quién hace el *casting*: tú, la sociedad, tu mente, tu pareja, tu familia, los aprendizajes?, ¿quién?

Escribe en las líneas si crees que tu historia está hecha de manera consciente por ti y qué partes escribes o vives solo por lo que has aprendido.

____

____

____

____

____

Para llegar aquí he trabajado mucho en mí, creo que nunca había visto en realidad quién soy y tengo cuarenta y ocho años. No creía en las cosas maravillosas que otros decían de mí, era más fácil creer en las negativas. Es por eso que fui por la vida confirmándome a mí misma que yo tenía razón, o sea, regándola constantemente y comprobando que no era tan valiosa, que tenía que hacer cosas para que los demás se quedaran y me quisieran. ¿No te pasa que a veces te descubres queriendo complacer tanto a los demás que te olvidas de ti mismo? Puede ser de manera muy inconsciente, pero cuando tú mismo sobrepasas tus límites para que los demás no se vayan, después el dolor es muy profundo.

Me he equivocado muchas veces, he lastimado a personas que no hubiera querido lastimar, me he lastimado a mí, he llorado mucho, he permitido que pasen cosas que no me merecía, e igual me quedé ahí. Hay muchas cosas que hoy pienso, y estoy segura de que podría habérmelas ahorrado. A veces nos dicen que no hay que arrepentirse de nada, pues no lo sé, quizás en ese momento no supimos ni pudimos actuar de otra manera, pero borraría algunas cosas que permití y que me dolieron mucho. Me queda claro que todo lo que vivimos es aprendizaje que nos hace ser quienes somos hoy, sin embargo, no creo que debamos aprender siempre desde el dolor.

He tenido relaciones lindas que no han funcionado, estuve a punto de casarme y no lo hice por mis o sus equivocaciones, no importa, fueron experiencias duras. Y hoy que lo veo a distancia comprendo muchas cosas y agradezco el tiempo que nos dimos, pero definitivamente nos equivocamos.

Me pusieron el cuerno, yo también lo hice, me traicionaron, perdí amigas. Me perdí a mí, me boicoteé, me decía mil veces que no me veía bien, que así no le iba a gustar a nadie, o que iba a perder a las personas que tenía, que debía hacer cosas para retenerlas, y por eso acepté una barbaridad de dolor, incluso me quedé en relaciones muy tóxicas porque no sabía cómo irme.

No perseguí mis sueños hasta donde debía porque pensaba que no lo hacía tan bien, que no daba el ancho; pero tampoco me preparaba más por miedo a creer que probablemente ni así lo lograría. Muchas veces también elegimos quedarnos en zonas de confort que nos llevan de cierta forma al conformismo, a la mediocridad, y eso se acabaría si nos hiciéramos responsables de nuestra vida y trabajáramos en sanar lo que se tenga que sanar para vivir la vida que merecemos. Cuando no confías en ti, pones trampas para no llegar a donde quieres.

Hasta la fecha, cuando creo que ya sané, aprendí, maduré, hay días que vuelvo a un lugar de mí que no es mi favorito. A veces no sé cómo hacer las cosas, tengo miedo, me confundo, otra vez no me siento suficiente, en ocasiones me hablo feo, me siento culpable, aunque no haya nada por qué serlo, nada malo, pero lo siento. Eso es porque la costumbre de vivir así se queda impregnada, por lo que tenemos que educar a nuestro ser para que elimine esos hábitos con los que hemos vivido tanto tiempo.

Esto tiene que ver con la formación de creencias, con las neuronas, los caminos neuronales y la repetición. Lamentablemente no se trata solo de tener ganas de que las cosas cambien, aunque es un gran principio, también hay que trabajar todos los días en crear nuevas conexiones y en la repetición de nuevas creencias y hábitos hasta que las creencias pasadas y limitantes se esfumen y den paso a las nuevas.

En este camino llamado vida, he pasado muchas cosas, como todos. Me casé y me divorcié, sin desear jamás que eso pasara, por supuesto, pero obviamente cuando uno no ha sanado de verdad, hay cosas que no salen bien, cuando no rompemos con lo aprendido y creemos que esa es la manera de vivir, se toman decisiones equivocadas, donde muchas veces hay dolor y ruptura. Aprendí mucho, hubo cosas maravillosas, fue una experiencia hermosa con la cual llegó el mejor regalo de la vida: Victoria.

Fue muy duro y doloroso terminar un matrimonio. Hoy sé que nos amábamos mucho, pero nos amábamos diferente, y hoy agradezco profundamente que los dos hemos crecido y hacemos lo mejor para sentirnos bien y para darle lo mejor a nuestra hija. Todos los días le agradezco a Juan por lo que logramos y somos hoy.

Agradezco profundamente que hayamos cumplido tantos sueños juntos y que ahora acompañemos a nuestra hija a cumplir los suyos. Qué fortuna. Hoy también sé que, aunque el proceso duele y pasamos por muchas etapas del duelo, cuando realmente te haces cargo de ti, aprendes a tener relaciones de agradecimiento y amor. Hay muchas personas que me dicen que es imposible llevarse bien con un ex, claro que cada historia es diferente y habrá cosas muy dañinas y fuertes que no puedo comprender, pero la mayoría de las veces solo es un tema de egos, de poder y de un egoísmo o dolor profundo. Sí se puede tener una relación amable, linda, de amistad con quien estuvo contigo, todo se trata de agradecimiento y amor, y no solo con tu ex, sino también con su familia, porque es la familia de tus hijos, si es que tienes; amo que mi hija esté cerca de ellos, son su sangre y son personas maravillosas. Hay que darse la oportunidad de no guardar rencores sin sentido. Gracias por tanto amor a todos.

Mis papás también se divorciaron y yo no quería repetir la historia, pero cuando pasó, supe que incluso en la separación podría ser diferente. También me di cuenta de que ese modelo de amor era el que había aprendido. Crecí en un hogar de padres separados y en una época que no era tan común. En ese momento fue duro para todos, quizás juzgamos a nuestros padres o no lo comprendimos y está bien, somos niños, pero después hay que cambiar la perspectiva, no podemos vivir toda la vida con la idea de la niña de seis o diez años. Hay que volver ahí para analizarlo y sentirlo con una nueva perspectiva, a veces duele mucho, pero sana como limón en la herida.

Créeme, hoy comprendo lo que mis papás pasaron, y los abrazo desde aquí hasta ese pasado que tanto los afectó, que tanto les dolió, que marcó sus vidas para siempre. Y al igual que yo, estoy segura de que ellos jamás quisieron que eso pasara. Todos tenemos huellas. Eran muy jóvenes cuando se casaron y también cuando se divorciaron, claro que cometieron errores en las formas, pues no tenían más herramientas y no puedo juzgar lo que ellos vivieron, aunque sí puedo reconocer lo que eso generó en mí. Pero reconocer no significa juzgar, estoy muy agradecida con mis papás, aunque a veces no estemos de acuerdo o no pensemos igual, pues somos personas diferentes.

Claro que no te voy a mentir, sí hay momentos difíciles en donde regreso a las heridas, pero ahora ya me doy cuenta de que estoy volviendo a ese lugar y reconozco de dónde vienen todos esos pensamientos. Ya me atreví a verme y a ser responsable de mí, de mis actos, pensamientos y más.

Hoy decido ir a terapia, tomarme el tiempo para respirar y no reaccionar ante los tormentosos pensamientos que a veces llegan a mí... Ah, cómo joden, ¿eh? (ja, ja, ja, ja). Hoy me tomo el tiempo de leer cosas que me ayuden a ver otra perspectiva, a rodearme de personas que van en el mismo camino. Me gusta escuchar a los demás, ser empática, no juzgo lo que siento ni a los demás, hoy me atrevo y me exijo cuestionarme cuando algo no me está haciendo sentir tranquila.

La cabeza a veces va más rápido que la vida, hay que estar al pendiente de nosotros. Te digo todo esto porque hoy estoy aquí escribiendo un libro, con el que quizás o seguramente no resolvamos la vida, sin embargo, deseo compartirte las ganas de no parar, de seguir insistiendo para tener la vida que sueñas y que te des cuenta de que *sí* es posible. **Date la oportunidad**.

Quiero compartirte todo lo que me ha ayudado a acercarme a esta vida de paz, calma, confianza, sueños alcanzados y sobre todo conocimiento de mí misma. **No significa que no habrá momentos duros, pero la forma de vivirlos será distinta si sabes quién eres.**

No soy terapeuta ni psicóloga, pero he estudiado muchas cosas, aprendo, leo más libros, escucho, tomo cursos, voy a terapia, soy ecléctica y además experta en caerme y levantarme, en encontrar el cómo sí o no de las cosas, he leído mucho, estudiado, pongo atención a quienes saben y lo he confirmado... Puedes lograr lo que quieras, sentirte diferente.

Nunca me di por vencida y hoy lo agradezco, siempre hay un lugar mejor, tengo fe. Sé que voy por buen camino y con las ganas y la decisión de cumplirme, pruebo nuevas estrategias y aunque a veces se siente que eso no te sirve de nada, te juro que en algún momento hace clic en ti y empieza la magia, todo lo que hagas y aprendas serán semillas y en algún momento germinarán y crecerán, te darás cuenta de que sí hubo un impacto en tu vida y que se empiezan a acomodar las cosas para que te sientes amado y con enorme ilusión de seguir.

Cuando dejes de hacerle caso al escritor que está en tu cabeza diciendo qué hacer y cómo, y cuando retomes el control sobre ti entonces todo tendrá sentido. Ya verás, lo importante es que no pares, que no te rindas.

Una de las cosas más valiosas y amorosas que hay es ver a una persona **agradeciendo la vida que tiene, pero trabajando en la vida que sueña**. Ese es el lugar donde deseo que empecemos este camino rumbo al destino que tú estás eligiendo, aunque hoy creas que no hay nada que agradecer, sí lo hay. De entrada, estás aquí, con vida y decidiendo estar mejor. Hoy es el momento de empezar a agradecer para dar paso a lo que ya está listo para ti.

Yo agradezco tu vida y la mía, y doy gracias porque estás platicando conmigo a través de estas páginas. Gracias por confiar. En este momento puedes agradecer que no te has rendido. Agradece que hay algo en ti que sigue creyendo para que lo vuelvas a intentar.

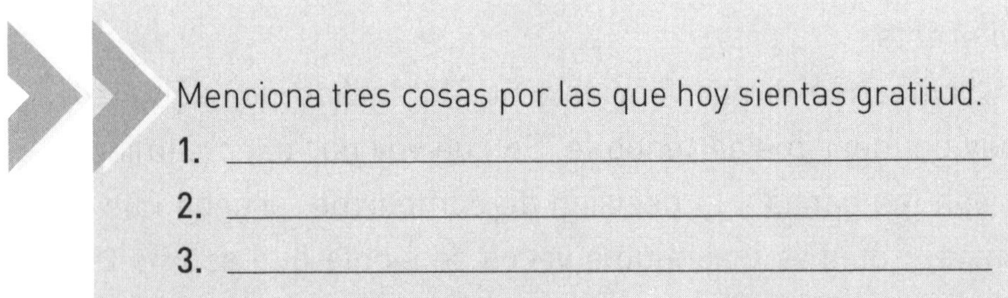

Menciona tres cosas por las que hoy sientas gratitud.

1. ______________________________
2. ______________________________
3. ______________________________

En este libro vas a encontrar muchas fórmulas pequeñas y fáciles, además de ejemplos muy claros de historias que te ayudarán a sentirte mucho mejor y vivir más pleno. No porque yo lo diga, claro está, sino porque tú estás aquí por algo y te aseguro que he estudiado mucho y aprendido cosas que nos ayudarán a sentirnos cada vez mejor.

Con este libro espero que te reconozcas, que te cuestiones, que te enfrentes, que te perdones, que perdones, que elijas y que te ames de la manera más incondicional que existe. Es por eso que hablaremos del alma, de la mente y del cuerpo, de la verdad, de vivir el dolor, de aceptación y trabajo personal. Es muy fácil mejorar nuestra vida, lo único que debes hacer es querer hacerlo, y si hoy estás aquí, empezamos muy bien.

Te aseguro que no es un lado romántico, es una realidad, no hay brujería para cambiar las cosas, pero sí hay decisión y una buena *actitud*, y eso lo es todo.

Hay que tener el valor de mirarnos hacia adentro y reconocer todo lo que sí queremos ser y hacer, pero también lo que ya no queremos más, se llame como se llame, y decidir cambiarlo.

No sé por lo que estés pasando, quizás nada fuerte, solo tienes ganas de ser mucho más feliz, pero lo que sea... **no te rindas ni hoy ni nunca**, estás aquí por algo y la vida se pasa volando, no hay tiempo que perder. Y se vale flaquear y sentir que ya no puedes más, pero luego regresa al juego y hazlo para ganar. No a los demás, sino ganar contigo y con tus decisiones.

La vida no se trata de ser quien no eres para convencer a los demás, de perder el tiempo queriendo encajar en cada espacio, creyendo que vales más o menos gracias a alguien o algo o por cómo te ves, qué puesto tienes, a dónde viajas. Tú siempre vales mucho, tú eres todo. **Nada externo dice o dicta quién eres, solamente tú.**

Hay algo que quiero preguntarte: ¿Sabes qué es lo mejor de ti? Piensa bien (tómate unos segundos... 5, 4, 3, 2, 1).

Escribe tres cosas que hayas pensado.

1. ______________________________
2. ______________________________
3. ______________________________

Perfecto, está bien reconocer cualidades, pero ahora tengo algo que decirte... No solo son esas tres cosas que pensaste, lo mejor de ti eres *tú,* y no voy a dejar que te vayas de este libro sin que tengas las razones correctas para ser quien eres y que te sientas feliz con ello. Quiero que puedas enlistar muchas cosas de las que te sientes orgulloso y que puedas mejorar o cambiar las que no te dan paz.

Quiero pedirte algunas cosas para empezar:

- Mente abierta y dispuesta a transformarse.
- Actitud.
- Un cuaderno y un lápiz.
- Un celular para poder leer el QR que te llevará a vivir experiencias únicas.

Y lo más importante:

- **La certeza de que el amor hará lo suyo en ti, porque tú eres amor.**

Escribe lo que quieras en cada página, subraya, repite, busca más datos, dibuja, haz lo que quieras, es tu libro de trabajo, tu trabajo más importante: *TÚ*. En cada página que leas, en cada ejercicio que hagas, en cada paso que des, debes recordar que **la diferencia entre vivir consciente o inconsciente se llama: SER LIBRE.**

Hoy empecemos a vivir realmente nuestra vida... tomemos las riendas de nuestra historia, seamos los protagonistas de nuestra obra.

¿Qué prefieres, vivir sobreviviendo o SUPERVIVIENDO?

Bienvenido...

Juntos es más fácil y si tienes dudas o comentarios escríbeme, estaré pendiente en @paulinagreenham en cualquier red social.

¿Cómo te sientes?

No debo probar lo que valgo, valgo porque aquí estoy y lo sé.

¿Te sientes feliz, amado, realizado, en plenitud, triste, cansado, harto, agradecido, hasta la madre? Parece fácil definir o sentir cómo estamos, pero vivimos en un mundo donde lo correcto es contestar: "Bien", "Con trabajo, así que ya es ganancia", "Sanos, así que no me quejo", "Ahí vamos". A veces no contestamos la verdad y estas respuestas automáticas nos alejan de nuestras emociones, las cuales juegan un papel fundamental en nuestra vida, pues combinadas con la inteligencia nos pueden mover, hacer reaccionar, interactuar y decidir.

Es raro detenernos a sentir de verdad cómo estamos, pero debemos empezar a hacerlo, reaprender a hacerlo, porque si no es así, parece como si tuviéramos que conformarnos siempre porque a otros les va peor... Así nos enseñaron: "Agradece porque mira a este o esta, ellos sí están mal".. Y no sugiero jamás no ser agradecidos, al contrario, pero tampoco conformistas y zombis de la estructura social.

Nos han enseñado tantas cosas que se supone son "las correctas", que nos olvidamos de sentir realmente, de reflexionar profundamente sobre quiénes somos y si nos gusta en lo que nos hemos convertido. Cuestionar muchas veces supone poner en duda todo lo que nos han dicho, tener que cambiar, empezar a hacer cosas diferentes y romper patrones y aprendizajes, sin embargo, muchas veces preferimos no hacerlo porque esto nos sacará de la zona segura y son retos que no queremos enfrentar. Pero cuando reconoces aquello que te estorba para alcanzar lo que sueñas, todo vale la pena, créeme.

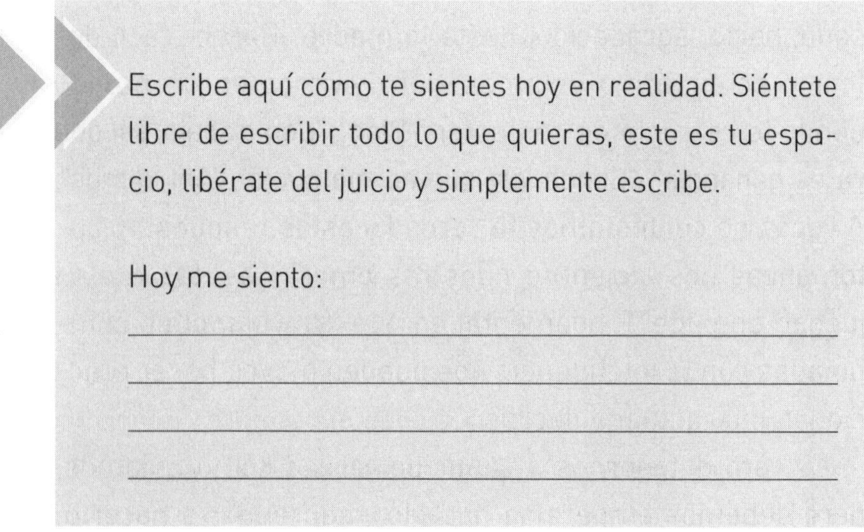

Escribe aquí cómo te sientes hoy en realidad. Siéntete libre de escribir todo lo que quieras, este es tu espacio, libérate del juicio y simplemente escribe.

Hoy me siento: ______________________________

Es muy importante ser honestos con nosotros mismos, y a veces ni eso nos permitimos, porque decir que estamos mal o tristes o decepcionados nos da culpa, pero hay que aprender a decirnos la verdad. También da miedo aceptar cosas que nos duelen o que hicimos.

Nos abandonamos tanto que, desde adentro, parece que cuando tenemos que volver a platicar con nosotros mismos, decidimos hacerlo solamente por encimita, como si quisiéramos mantener en secreto algunas cosas que quizás nos incomodan o hacemos como que no pasan, preferimos dejarlas escondidas a pesar de las repercusiones que esto puede traernos.

Así aprendemos a vivir, nos enseñan de chiquitos que hay cosas que no se preguntan, que el pasado ya pasó... O cuántas veces has oído frases como: "Es lo que te tocó vivir", "Es lo que hay y agradécelo", "Aunque no te guste, da las gracias", "Eso no se dice", "La cruz que cada uno carga". Es por todas estas creencias y aprendizajes que nos empezamos a desconectar, que dejamos afuera no solo las emociones, sino lo que realmente somos y queremos, todo por ajustarnos a una sociedad que cada día tiene más problemas por desconexión... y no solo con el mundo exterior, también con el interior, y eso provoca muchos sentimientos de soledad y deseos de utilizar formas que nos alejen de la realidad. Excesos en todo, en el trabajo, la comida, las fiestas, el ejercicio, el alcohol o diferentes sustancias, utilizamos estas salidas aparentemente fáciles, pero que a la larga suelen ser más dolorosas.

Nos cuesta mucho cuestionar sin culpa o miedo, cuestionar creencias, actitudes o sentimientos; además, le tenemos miedo al cambio, por eso la típica frase de: "Vales mucho, nunca cambies". Cambiar no solo nos da miedo a nosotros sino a quienes tenemos cerca, pero debemos y tenemos que cambiar y eso no nos hará valer menos, al contrario. Debemos tomar en cuenta que el cambio nos aleja de costumbres, incluso de personas que ya no encajan con la nueva versión y eso genera un poco de angustia e incertidumbre. Nos aterra creer que por nuestra "culpa" perderemos a alguien o decepcionamos a quienes nos quieren. Es muy duro, pero es cierto, a veces ser lo que realmente somos puede decepcionar a quienes amamos, aunque cada quien deberá hacer su parte si realmente quiere estar cerca.

Estamos llenos de dudas... Si dejo de estudiar lo que mis papás sueñan, si dejo de creer en algo que me enseñaron, si cuestiono por qué hacen las cosas que hacen, si las creencias religiosas no son las mismas, si me enamoro de alguien que a los demás no les gusta para mí. Estos cuestionamientos no tienen nada de malo, es fundamental cuestionarse, no se trata de juzgar a los demás, pero sí de reconocer si eso es lo que nosotros queremos o creemos en nuestra vida, sin embargo, no nos atrevemos a dar este paso porque sentimos que eso sería ser malagradecidos o pelear por las creencias de los otros y entonces paramos.

Lo que esto provoca muchas veces es que no cambies, que te sientas solo, con miedo, así ha sido toda la vida, por eso te parece lo normal. Pero *hoy* tienes la opción de hacerlo diferente, de empezar a construir tu paz y tu felicidad, puedes hacerlo con mucho amor y dándoles tiempo a los demás de que te vean de nuevo. Así que te vuelvo a preguntar: ¿Te gusta quién eres?, ¿te gusta tu vida? Si decides contestar, tienes dos opciones:

1. Seguir como estás, salir despacito, de puntitas y no hacer olas, hacer como que ni tú te diste cuenta de qué pasó. Eso parece que es lo más fácil, sigo así, ¿para qué le muevo? Más vale malo por conocido...
2. Decides escucharte y cambiar lo que no te gusta, sabiendo que cambiar significa romper con muchas cosas a las que estás acostumbrado y quizás también con personas a las que no les gustará que cambies, porque eso significa incomodarlas a ellas. Es romper para empezar a trabajar en lo que verdaderamente quieres ser.

¿Le entramos? Si tu respuesta es la número uno porque así eres feliz, *check*, sigue leyendo para potencializar eso que ya tienes hoy. A lo mejor crees que así es más fácil, por miedo, porque quizás crees que ya no estás en edad de hacer esos cambios, porque te da terror el qué dirán, te entiendo, pero no pares de leer porque este libro no llegó a ti por casualidad y voy a acompañarte. Si es la 2, no será lo más fácil, pero te aseguro que es lo que mayor felicidad te aportará.

Mira, a veces esperamos eventos muy duros, traumáticos, para atrevernos a cambiar, rupturas personales o laborales, accidentes, pérdidas, esos que nos llevan al límite para hacer cambios y valorar la vida. Ahí es donde tocamos fondo y queremos salir de esto y empezar de nuevo.

¿A poco no? Terminas una relación y ahora quieres verte mejor que nunca, hasta cambios de *look* hacemos, bajamos de peso, etc.; perdemos a un ser querido y valoramos la vida porque nos damos cuenta de que puede acabarse en cualquier momento; tenemos una enfermedad y empezamos a vivir al máximo porque ya no hay tiempo; hay una pandemia y notamos lo valioso que era poder estar cerca... Así somos la mayoría, pero aquí vamos a planear hacerlo diferente. Hagamos un plan para empezar a realizar esos cambios desde la paz y el genuino deseo de hacerlo.

Ojalá todos aprendiéramos a disfrutar y vivir al máximo por el simple hecho de nacer. Si hubiéramos aprendido que la vida de amor te lleva a resolverlo todo de una manera más sana y linda, a ponernos primero, a cuestionar, a preguntar, a saber, que podemos ser nosotros mismos, a mejorar, a cambiar siempre que así lo queramos, y que todas las veces podemos hablar de lo que queremos y sentimos, no hubiéramos esperado la tragedia o un evento fuerte para reaccionar.

No se trata de lamentarse por lo que no ha sido, sino de alegrarse porque hoy tenemos la oportunidad de crear el mañana.

Las personas que son víctimas toda la vida se quedan enfrascadas en el dolor, resentimiento, tristeza, reclamos, y no se dan cuenta de que eso acaba por cansar, primero a ellas mismas, aunque no lo quieran reconocer, y por supuesto a quienes las rodean. Ser víctima puede traer recompensas, pero no por las razones correctas y no siempre.

¿Te acuerdas qué hacías el 23 de junio de 2014? Seguramente veías el partido México vs. Croacia, en aquel mundial de Brasil donde México venció al rival 3 a 1 y una vez más nos emocionó, ¿cierto? Mientras todos celebraban el triunfo tricolor, yo lloraba, me enteré de que estaba embarazada, ¿y por qué lloraba? Estaba en el radio con la señora Fernanda Tapia, teníamos un programa en W Radio —por cierto, ese día es su cumpleaños—, y le conté feliz la noticia: estaba embarazada, pero al mismo tiempo sentía un dolor enorme en el abdomen. Al salir de las instalaciones de W Radio, fui a comer con mi hermano y mi entonces esposo Juan para ver el partido, y al finalizar, sin decir nada, me fui a casa de mi mamá, emocionada por cómo le daría la noticia al futuro papá, y asustada por el inmenso dolor.

Pasó un rato y le hablé a mi doctor, Miguel Ángel, quien me citó preocupado; al llegar al consultorio, nada más de verme supo lo que pasaba. Me dijo que llamara a Juan y le pidiera que fuera al hospital en ese momento. Tuve que darle dos noticias a la vez, la primera fue que estaba embarazada y la segunda que la trompa se había reventado y debían operarme de emergencia, que no tardara. Tenía diez semanas aproximadamente.

Fue un momento duro para los dos, triste y preocupante porque mi salud estaba delicada. Toda la familia estuvo pendiente y eso como siempre es una sensación de ayuda y compañía hermosa, pero surge el miedo y las preguntas: ¿por qué?, ¿qué hice mal?

Te cuento esto porque, a partir de ese momento, supe que esa pérdida me estaba diciendo algo, no sé por qué lo sentí, pero sabía que debía encontrar la respuesta.

Para ese entonces yo tenía treinta y siete años y sentía que no sería fácil embarazarme, además, como era mi costumbre, deduje que quizás era porque yo no sería capaz de darle lo mejor a ese bebé, pero también sabía que debía conocerme y conocer mi historia de verdad para entenderme y arreglarlo lo antes posible si deseaba volver a intentarlo.

No me lamentaba todo el día, había partes de mí que sabían que no era culpable, pero la mente nos lleva a esos lugares de dudas dolorosas y sin sentido.

Así que empecé a indagar, a investigar, y gracias a Caro, mi gran amiga (gracias, mana), conocí la biodescodificación y a Enric Corbera, creador del método bioneuroemoción. La biodescodificación es un estilo de medicina alternativa, que busca encontrar las emociones que han creado diferentes padecimientos o enfermedades. Está comprobado que cuando tenemos emociones muy fuertes, continuas, generan descargas químicas en el cuerpo y dependiendo del tipo de hormona que liberamos puede provocar somatización, enfermarnos. Básicamente busca comprender el lenguaje del cuerpo.

Mientras Caro y yo comíamos una buena pizza en la Condesa, hablando de todos esos cuestionamientos, me dijo que debía escuchar a Enric, y llegando a casa lo hice. Descubrí que sabía muy poco de mí, que debía investigar.

¡Y agárrate!, porque me dicen "Paulina FBI" o "KGB", así que, cuando se trata de encontrar lo que quiero, no hay manera de fallar (ja, ja, ja, ja). Entonces fui con mi mamá, mi Poly hermosa, le pedí que me contara de su vida, que me hablara de lo que pasaba mientras estuvo embarazada de mí, de la vida de mi abuela. En ese momento también fue duro para ella analizar el pasado, regresar a él, pero lo hizo con todo el amor. Ella sabe que nunca fue con ganas de juzgar a nadie, solo para conocer la historia, para comprenderme mejor.

Es crucial saber que, para conocernos, debemos saber de dónde venimos. **Todos nos merecemos la verdad, no importa lo duro que sea. (Gracias, mami, eres hermosa y perfecta. Mi mamá es mi raíz y puedo decirte que siempre, sin importar qué, ella está ahí conmigo. Te amo, colega).**

Con todo lo que me dijo empecé a descubrirme, también conocí más sobre la vida de mis abuelos, maternos y paternos, fechas, historias, y todo esto me ayudó a llegar a la raíz. A mi papá también le pregunté varias fechas y, por supuesto, con todo el cariño investigó. Gracias, pa (Piolín).

A veces en las familias no hablamos muchas cosas, las dejamos pasar, en ocasiones porque creemos que no tiene sentido causar dolor en alguien por algo que ya pasó, o porque no queremos que piensen mal de alguna persona por lo que hizo. No obstante, se trata de ir al lugar de donde viene todo lo que somos, quizás nos digan que el pasado quedó atrás y suena bien, para algunas cosas, pero la realidad es que eso nos formó. No se queda atrás, se queda en nuestra huella, en nosotros. Hablaremos después de este tema.

Escudriñar en el pasado con el afán de conocernos mejor es un acto de mucha valentía y amor, en donde probablemente encontraremos cosas que no sabíamos, que habíamos olvidado, y no todas nos gustarán, pero algo que debes saber es que, si vas a ir, al pasado, debes ir con amor, sin juicio y con la firme conciencia de comprenderte y comprender mejor la vida que hoy tienes.

Todos tenemos las más profundas razones para ser quienes somos, así que por más que a veces haya cosas que no comprendamos, debemos reconocer que existe un pasado en los demás al igual que en nosotros y que no tenemos idea de qué pasó, y por ello hay que tener empatía y respeto por los procesos ajenos.

Hay que encontrar las razones que nos llevan a actuar de la forma en que lo hacemos y cambiar el significado que han tenido en nosotros. El impacto que tuvieron cuando pasaron pudo ser muy fuerte, pero hoy estamos listos para revivirlo desde el presente, con las herramientas que hoy tenemos, con una nueva visión por todo lo que hemos aprendido. Y seguramente habrá cosas maravillosas que podamos conservar con mucha gratitud si hoy siguen siendo congruentes en nuestra vida y muchas otras que debamos **resignificar**. Este ejemplo me encanta: Si tienes una herida en la mano que nunca cuidaste y se infecta, llega alguien, llámese pareja, familia, amigos, con todo su amor a acariciarte y justo te toca en la herida, tu reacción será aventarlo y quitarte, y aunque el otro no tuvo esa intención, el dolor te hizo reaccionar así. Lo mismo pasa con nuestras heridas emocionales, si no las sanamos, reaccionamos al dolor y la mayoría de las veces el o la otra no entienden qué pasa.

Por eso debemos sanar, aunque a veces el proceso sea duro; echarle alcohol a la herida arde, pero evita infecciones y hay que decirles a los demás que tenemos esa herida, si es que no la ven, para que traten de no pegarnos justo ahí.

Para empezar el camino a la vida de nuestros sueños, debemos ser honestos con nosotros mismos, escucharnos, sentir, reconocer y aceptar cualquier emoción que tengamos; ninguna emoción es negativa, por más que te hayan dicho que es malo sentir alguna cosa, no es verdad, solamente la sientes y por eso debes ser honesta contigo al máximo. **Reconocer lo que sentimos nos acerca al autoconocimiento**.

Después de esto que estamos empezando, después de leer el principio de este libro, te pido que contestes con la verdad. Ten muy claro que ninguna respuesta es negativa, solo es reveladora y abre el paso al crecimiento.

¿Cómo te sientes? Piensa cómo te sientes y escríbelo.

____

____

____

____

Escribir es muy importante porque ayuda a desbloquear emociones y a poner distancia con las mismas para así poder darles un sentido mucho más objetivo. Nuestra cabeza está repleta de ideas y ahí dentro todo es abstracto, pero cuando hacemos el ejercicio de traducirlo para escribirlo o para hablarlo, entonces muchas de esas ideas se acomodan, y eso nos ayuda a tener una percepción distinta. Es sanador que te vuelvas un traductor de tus propias ideas. ¡Inténtalo!

Tengamos un *Momento de amor.*

1. Respira.
2. Toma un poco de agua o té.
3. Luego ve al espejo y mírate, de verdad mírate a los ojos.
4. Platica contigo mismo acerca de lo que te gusta, pregúntate cosas, tu color favorito, tu música preferida... No dejes de verte a los ojos y sé honesto contigo, habla de lo que te gusta y no te gusta de ti, de lo que quisieras cambiar. No repares, deja que todas las respuestas lleguen a ti, no juzgues, calma. Solo obsérvate, reconoce quién eres y cómo te sientes.
5. Observa cómo cambian tus pupilas, salúdate y habla contigo.

¿Qué sientes? Lo más importante que debes ver, reconocer, es qué piensas de ti. Llegarán pensamientos y recuerdos que quizás tenías escondidos, pero no te alejes de ellos, mantente observándolos porque te abrirán la puerta para conocerte de verdad.

Ve, hazlo, tómate tu tiempo. A veces, al principio cuesta trabajo conectar, estamos bloqueados, ten calma y date tiempo. Lo que sientas y tengas que hacer en ese momento está bien. Ve, y cuando termines, aquí estaré esperándote con el mismo respeto y amor que cuando te fuiste, porque lo que eres, eras y serás es divino. Sé que al volver reconocerás cosas de ti que no recordabas.

Este ejercicio es muy sanador, retador, por eso es de los que más me han servido hacer para sanar, tanto que lo repito cada vez que puedo.

Haz el ejercicio... Nos vemos al ratito o mañana o cuando decidas. Te espero, no me dejes colgada, ¿eh? Nos vemos pronto.

¡Volviste! Qué gusto que ya estás aquí. ¿Cómo te fue? Aquí estoy, y aunque sea en papel quiero decirte que es lindo saber que estás ahí, haciendo cosas para ti, para sentirte mejor. Bravo, eres muy valiente.

Aquí algunas cosas que pudiste pensar si eres mujer: "Soy fea, bonita, enojona, miedosa, me siento flaca, me veo gorda, no siento placer, quiero hacer más cosas y no me atrevo, estoy harta de ceder, estoy plena, me encanta lo que soy y tengo, me choca no tener dinero, mi relación no es lo que deseaba, me siento culpable, les fallé a personas, siento que no valoran lo que hago, me siento sola, no soy feliz con mi pareja, sé que mi pareja no es feliz aquí, no me dedico a lo que me gusta, estoy con el amor de mi vida, no me siento suficiente, estoy agradecida, me gustan más los elotes que los esquites, me hubiera gustado ser bailarina pero no me dejaron, estoy frustrada, me canso mucho, me veo perfecta, soy mala en lo que hago, nada me sale, soy buena pareja, etc.". Pueden haber salido muchas cosas, algunas con las que estás a gusto y otras no, y eso es maravilloso, todo es información muy valiosa.

Te invito a que escribas lo que pensaste y sentiste. Escribe cinco cosas que hayas pensado de ti.

1. ____________________
2. ____________________
3. ____________________
4. ____________________
5. ____________________

¿Sabes de dónde vienen esas creencias?, ¿cuándo nació ese pensamiento sobre ti? Escribe todo lo que quieras, es tu espacio.

Lo que sea que hayas pensado, es ahí donde empezamos a reconocer de verdad cómo nos sentimos. Abrir la cajita nos reconecta y... ¿sabes qué es lo más fregón de esto?

Que cuando empiezas, ya no hay vuelta atrás, tu conciencia ya está consciente, valga la redundancia, y entonces empiezan a pasar cosas que no esperabas. Habrá muchos momentos en los que estos pensamientos estén dando vueltas en tu cabeza, no trates de pararlos, ponte atención, solo así sabrás por qué te sientes como te sientes.

El siguiente paso será encontrar de dónde salió cada pensamiento, cuándo fue la primera vez que te dijeron o te dijiste algo que se quedó marcado hasta ahora. No siempre son momentos terribles cuando eso pasó, pueden ser muy amorosos, pero equivocados. Por ejemplo: si pierdes un termo en la escuela, tu mamá te dice: "No puede ser que lo hayas perdido, no cuidas las cosas, las cosas cuestan, todo pierdes". Quizás no lo dice feo, pero en tu cabeza guardas ese pensamiento que genera una emoción y, posteriormente, cuando llevas cosas contigo, sientes ansiedad porque no quieres perderlas, entonces creces pensando que pierdes todo y a la larga lo que uno pierde es mayor.

Estas son algunas frases que te pudieron decir y que te creíste:

- "Ay, amiga, siempre te consigues a los infieles".
- "Uy, no, eres pésima en los deportes, mejor dedícate a otra cosa".
- "Tienes una cara divina, pero hay que cuidar ese peso".
- "Qué malo eres para las ventas".
- "No se ve que tengas mucho futuro".
- "Es burro para la escuela".
- "No puedes dejar a tu pareja, ¿qué harías sin él?".

- "A la familia hay que amarla siempre, a pesar de todo".
- "No seas ridículo, eso es de viejas".

Hay miles de comentarios así. Cada uno deberá identificar el suyo o los suyos, palabras que muchas de las veces no son malintencionadas, pero sí son ignorantes, porque se cree que no generan nada, que no pasa nada, que hay que decir las cosas claras. Sin embargo, el cerebro es tierra fértil y las palabras y los eventos de la vida pueden germinar y echar raíces, que en este caso se llaman conexiones neuronales, que se pueden cambiar, pero requiere de tiempo, amor y disciplina.

En muchas ocasiones se malentiende el cuidado de los demás, el típico: "Lo digo por tu bien, es porque te amo, a mí no me importa, pero es por ti". Suena muy lindo, aunque hay que saber que quizás la otra persona es quien se incomoda con algo nuestro y no se atreve a reconocerlo, puede ser por sus heridas o historias no resueltas, hasta un chantaje, pero si no lo identificamos a tiempo esas palabras o acciones pueden volverse una huella en nuestra vida.

Cuando no estamos sanos y no confiamos en nosotros, o cuando simplemente somos muy pequeños para comprender o acomodar lo que alguien nos dice, esas palabras se quedan ahí clavadas y crecemos creyendo esas cosas, además, nuestro inconsciente se encarga de confirmar lo que ya se aprendió. No sé si lo sepas, pero el **inconsciente** tiene el trabajo de demostrarnos que tenemos razón.

Todas las cosas que de niñas o niños aprendemos sobre nosotros a través de los demás forjan nuestra autoestima. Más adelante le dedicaremos un capítulo a este concepto tan importante.

El inconsciente, según la teoría psicoanalítica de Sigmund Freud, se define "como un depósito de sentimientos, impulsos y recuerdos que se encuentran fuera de nuestra conciencia", o sea, ahí se guardan cosas que no nos gustan y que influyen en nosotros todos los días. Así que acercarnos a ese desconocido y oscuro lugar (ja, ja) puede ser la clave para reconocer las cosas que hoy afectan nuestra vida. **El inconsciente es quien rige nuestras acciones.**

Por eso es tan importante saber qué sentimos y creemos con respecto a nosotros, porque si no lo cambiamos, seguiremos experimentando cosas muy similares. Así que, si quieres cambiar tu vida, debes cambiar la forma en la que piensas, debes reflexionar sobre todas esas cosas que hoy no te han funcionado o que quizás te ayudaron en algún momento de tu vida, pero ya no.

Así de importante es vernos, aceptar cómo nos sentimos y si no nos gusta debemos ir al lugar de los hechos, ser los investigadores de nuestra historia, eso funciona siempre. A veces duele, y mucho, pero ya es pasado y nos puede ayudar a mejorar nuestro hermoso regalo: el presente.

Por esto te pido que regreses al espejo y repitas el ejercicio con lo que ya sabes. Pero espera, ahora quiero acompañarte también con un audio... Iremos al momento que te marcó, y así podrás ir a muchos momentos, a los que quieras, y verlos desde acá. Tú ya estás aquí para hacerte cargo de la situación por más difícil que parezca. Vamos.

Momento de amor

Esta meditación la puedes hacer cuantas veces quieras y resignificar todos los momentos que necesites. Cada vez es más poderosa. Para cerrar este capítulo, aquí te dejo algunos puntos importantes para que no los olvidemos y estén presentes en nuestros días y así podamos avanzar hacia donde queremos:

1. **Desconexión emocional:** muchas veces vivimos alejados de nuestras emociones, respondiendo con frases predeterminadas en lugar de conectarnos con lo que realmente sentimos. Conectar para sanar.
2. **Autenticidad y cambio:** reconocer nuestras emociones es el primer paso para cambiar lo que no nos gusta de nuestra vida. No debemos tener miedo al cambio, aunque este implique perder ciertas costumbres o incluso personas.
3. **Sanar heridas emocionales:** comparar las heridas emocionales con las físicas nos ayuda a entender que el dolor puede aparecer si no sanamos lo que llevamos

dentro. Nos invita a enfrentar y a sanar esas heridas, en lugar de ignorarlas.

4. **Resignificar el pasado:** la exploración del pasado, con amor y sin juicio, es una herramienta para entender mejor quiénes somos hoy y para transformar la narrativa que hemos construido.
5. **El poder de las palabras y creencias limitantes:** reflexiona sobre cómo ciertas palabras o comentarios, aunque no sean intencionadamente maliciosos, pueden marcar profundamente nuestras creencias acerca de nosotros mismos. Ten cuidado con tus comentarios hacia los demás, también pueden tener efectos.

Nuestra composición

~~~~~~~~~~~~

EL ALMA

> El alma sabe, por eso cuando el alma sonríe,
> cuando el alma siente paz, ahí es.
> P. G.

Alma, cuerpo y mente, cada quien los vive como quiere, los cuida como quiere, pero sin duda esos tres somos nosotros. No importa si crees en Dios, en el universo, en la *matrix*, en la inteligencia superior, en lo que sea que creas, te puedo asegurar que estos tres componentes son sumamente perfectos y poderosos (al rato hablamos de la mente y el cuerpo).

No sé bien cómo sea el alma, pero sí sé que la siento, la siento gritándome: *"Aquí estoy*, vengo de la fuente divina, del amor, de la inteligencia superior, estoy cargada de información que es tuya, es para ti, **yo soy tú** sin importar el cuerpo que habites, aunque no creas en ti, aunque dudes de mí, aquí estoy, no me voy a menos que ya no haya forma de recuperarte".
~~~~~~~~~~~~

Te aseguro que cuando recuerdes que eres alma y pones atención, te darás cuenta de que está ahí guiándote. Que no te has rendido porque hay algo más fuerte que todo lo que has vivido y por eso sigues intentándolo todos los días.

Es sorprendente que hasta hoy sigamos pensando que somos simplemente lo que observamos en el espejo, no vemos más allá de lo que tenemos enfrente. Con lo apasionante y emocionante que puede ser reconocer lo grandiosos y profundos que somos... Ser solo el cuerpo sería un desperdicio, traspasar la piel para ver la grandeza sería la clave. Vamos a lograrlo.

Casi siempre decidimos complicarnos la vida, ponemos todas las respuestas afuera de nosotros, le achacamos la infelicidad a alguien más, a algo más. ¿No es mágico pensar que nosotros podemos sentirnos diferente con tan solo vernos y reconocernos? No depender de nadie más para ser felices. No estoy diciendo que sea fácil, sé que hay personas o situaciones que han dejado huellas dolorosas, pero podemos aprender a hacerlo diferente y sanarnos para seguir.

En ocasiones, cuando todo está perfecto, pensamos que seguramente algo malo va a pasar. No creemos en la perfección, en la simplicidad y la facilidad de obtener lo que deseamos.

Somos seres infinitos que habitan dentro de lo material, de lo tangible. ¿Se oye muy fumado? Sí, en realidad sí, pero es la verdad. Lo que pasa es que no creemos en nuestra grandeza, tenemos la teoría de que hay que esforzarnos demasiado para obtener algo, que hay que sufrir para ser felices. No, no se trata de echarnos en el sillón y que esperemos que todo pase, hay que ser responsables de lo que vivimos. Podemos darnos la oportunidad de creer en la abundancia de la vida y la grandeza del alma. Podemos no minimizarnos y subestimarnos, ¿qué tal que nos atrevemos y salen chispas? Me ha pasado, créeme.

A veces cuando hago algo nuevo o juego tenis, por ejemplo, y me empiezo a decir que soy malííííííísima, o sea, me empiezo a boicotear, me acuerdo de que hay algo que está dentro de mí que tiene información poderosa y sucede algo maravilloso, es como si algo o alguien susurrara dentro de mí: "¿Qué te pasa? Yo soy superpoderosa, fui creada antes que Serena Williams [a quien sueño con entrevistar, por cierto] y que todos los tenistas más fantásticos del mundo, soy creación divina, tengo la información de todos los seres humanos, vengo del más alto mando, agarra la raqueta y confía en lo que sabes. Confía en ti, en mí y en el inmenso poder que eres, no que tienes, que eres". Son sensaciones poderosas, sé que es el alma recordándome quién soy, y obviamente si quiero jugar bien, si quiero competir, pues voy a entrenar, pero esos nuevos pensamientos acaban con el *no puedo*, y empiezo a intentarlo de verdad, empiezo con la certeza de que puedo lograrlo y, créeme, es mucho mejor, en lugar de jugar sintiéndome mal, disfruto el tiempo y lo intento. El peor lugar para estar es en el lugar mental del "no puedo", "no merezco".

Algo así me imagino que piensa el alma: "He pasado por todo, soy alma, o en lo que creas, pero estoy mucho más evolucionada que tu presencia en la Tierra y tú dudas de poderle pegar bien a una pelota con un palo de madera, ¿qué te pasa? Vinimos a lograr cosas enormes y crees que no puedes. Hazlo las veces que sea necesario porque lo vas a lograr", y la verdad me atrevo y me rifo.

Parece loco, pero me pasa, es como si la hubiera ignorado por mucho tiempo y ahora que le pongo atención me da respuestas perfectas. Y no es que vaya a ganar un Grand Slam, pero confío mucho más en mí cuando la escucho y me sale mejor. Sí somos poderosos, pero lo olvidamos.

Y esto aplica en cualquier cosa: no puedo escribir un libro, no puedo hablar otro idioma, no puedo dejar de fumar, no sé bailar. Entonces nos privamos de cosas porque creemos que no podemos. Cada caso es específico y nos costarán trabajo algunas cosas, pero cuando empezamos a valorarnos y creer más en nuestras posibilidades, las cosas cambian.

No sé si vas a bailar mejor, pero disfrutarás haciéndolo, sabrás que eso no te define.

Escucharnos desde lo más profundo, dejar de oír solamente el ruido de la vida, los juicios sociales, ir hacia adentro es maravilloso.

Si solamente escuchamos a la mente, de la cual hablaremos más adelante, estamos oyendo lo aprendido en este plano, en esta vida, con todo y esas frases que nos marcaron. Cuando callamos al alma, le damos la oportunidad a la mente de ganar y de hacer que el alma se rinda. Es ahí donde se da el libre albedrío, la mente dice: "Aquí tengo la información", pero si decides solamente consultar lo que aquí aprendiste, eres libre.

No digo que la mente no sea importante, pero por sí sola no da la respuesta correcta, porque muchas veces sale del inconsciente, de ahí donde se almacenan todos los aprendizajes buenos y no tan buenos, de los que generan miedo.

Ganamos más cuando hacemos que los tres elementos trabajen en conjunto, ya lo iremos comprendiendo: la *Divina Trinidad*.

Para mí, cuando el alma se apaga, es cuando caemos en los peores episodios de tristeza, angustia y depresión, como si nos desconectaran de la red.

Me imagino cuando solo somos almitas, que estamos todas esperando nuestro turno con un número, estilo carnisalchichonería (ja, ja), qué belleza. Y mientras nos toca bajar, todas las almas nos ponemos a platicar, compartimos información, hacemos acuerdos y si nos caemos bien planeamos coincidir en la vida, algo así como: "Oye, ¿y si tú eres mi abuela o mi maestra?, ¿qué tal si soy tu hija o esposa?, ¿vemos qué plan allá?". Suena raro, pero estoy segura de que estamos todos conectados, que algo muy poderoso nos une desde antes de nacer. Son planes perfectos que podemos ir modificando si nos percatamos de que queremos aprender algo más de lo que inicialmente quisimos. Me imagino que tenemos una enorme ilusión de venir y crear una vida maravillosa, de aprender, de disfrutar.

Pero ¿cómo imaginas tu alma? Meditabunda, platicadora, alegre, gruñona, sabia, medio floja, sociable... Piensa en ella, piensa en ti antes de tener un cuerpo. Te juro que no importa en qué creas, haz el ejercicio y mírate antes de nacer, ¡¿qué pasaba?! Intentar ver el alma antes de que llegara al cuerpo que habitamos te ayudará a conectar con tu esencia más pura, antes de las etiquetas y los juicios.

Ejercicio

Visualiza tu alma antes de nacer

- Encuentra un lugar tranquilo donde puedas sentarte y no tengas interrupciones.
- Cierra los ojos y respira profundamente varias veces.
- Imagina que retrocedes en el tiempo, antes de nacer.
- Visualiza un espacio infinito, lleno de luz, tranquilidad y sabiduría.
- Pregúntate: ¿Cómo te sientes sin las limitaciones de un cuerpo físico? ¿Qué emociones experimentas? ¿Qué tipo de personalidad tienes? ¿Qué ilusiones o propósitos tenías para la vida que estabas por comenzar?
- Ahora piensa en cómo esas cualidades y propósitos se conectan con tu vida actual: ¿Siguen

presentes? Si no es así, ¿qué podrías hacer para recuperarlas?

Luego, responde: ¿Cómo viste a tu alma? ¿Cómo crees que eras antes de nacer? ¿Qué sientes?

____

____

____

____

Yo me imagino que en el proceso y trámite de nacer estaba grite y grite que ya quería bajar, haciendo relaciones públicas arriba, bailando, platicando, quedando de ver a mucha gente por acá, eso mientras veía cómo se acercaba el momento de venir a la Tierra. Estoy segura de que tenía un enorme entusiasmo por nacer, lo sé porque hasta hoy siento la felicidad enorme de estar viva, de ver, de aprender, de escuchar a las personas, de seguir adelante, de conocer personas. *Estoy segura de que mi alma ama habitar un cuerpo en la Tierra, porque no ha habido nada ni nadie que apague mi ilusión por ser cada día mejor y más feliz.*

Algunos momentos muy duros en mi vida me han hecho dejar de escuchar al alma y oír solo a mi mente. Entonces, reacciono y me olvido de quien soy en realidad, creo que ahí me he perdido un poco, me he abandonado y seguía como zombie lo que pensaba que me conectaría a la gente, pero cuando logro conectar conmigo de nuevo, siento unas ganas inmensas de volver a intentarlo. Siento que siempre hay algo mejor.

A mi mamá la asaltaron hace varios años, en 1996, y le dieron dos balazos; para mí, para mi hermano y obviamente para todos los seres que la aman fue un momento terrible. Pero hablando de mí, fue un momento de *shock*, tenía dieciocho años y sentía que el mundo se me venía encima, no quería por ningún motivo perder a mi mamá y mucho menos de una forma tan violenta. Fueron años en el hospital, muchas cirugías. El día del asalto, yo quería morirme de dolor, la vi llena de sangre, tratando de hablar, y no podía creer que alguien pudiera lastimarla así, a ella, justamente a ella, y a mí, no con los balazos, pero sí lastimando a mi mamá. Mi alma me hablaba y no la escuchaba, tenía coraje contra todos y todo, me empecé a perder.

Entonces, en alguna de las ocasiones que entré a verla me preguntó: "¿Mi amor, odias a alguien?". Y llorando le contesté que sí, a quienes le habían hecho eso no solo a ella, sino a nosotros también, y ella me dijo: "No hay nada que odiar, ellos no saben lo que es tener y sentir este amor tan grande, si no, no lo habrían hecho. Ellos ni siquiera saben que existes, darles tu enojo te lastima a ti. Mejor pide que encuentren tanto amor como el que hay aquí".

Lloré mucho más de lo que hoy pueda decir, y lo sigo haciendo al escribir estas líneas, porque no solo me prometió que ella se salvaría, también me salvó a mí de la amargura recordándome lo que el amor hace en nosotros. Y para mí el alma es el amor. Así que después de escucharla regresé a mi alma, esa que sí es justa pero no rencorosa y que desea tener mucha paz aquí.

Claro que no sé si esto sea así, pero me encanta creerlo y escuchar cada vez más lo que desde el alma tengo que decirme. Eso me da siempre un rumbo más claro... Dejar el ruido de lado y escucharme. Me ayuda a reconectar con mi **grandiosidad**, que muchas veces dudamos de tenerla.

Juega un poco con esto, ya que escribiste y pensaste cómo era tu alma antes de nacer y al nacer. Ahora siente: ¿Crees que le has quitado fuerza?, ¿ha cambiado?, ¿crees que le has hecho caso y has seguido el camino que vino a vivir?, ¿o crees que debes empezar una relación más estrecha con ella, contigo, regresar a lo que sueñas y comprender que quizás no estás donde debes estar?, ¿te abandonaste y abandonaste tus sueños?

Sentir nostalgia, sentir un hueco en la panza es un gran paso para seguir avanzando. Significa que hay algo que nos hace sentir lejos de lo que somos, de nuestro camino. Si sientes nostalgia, qué delicia, es un mensaje, solamente presta atención. Si comprendemos que esa nostalgia nos está diciendo hacia dónde, encontraremos qué nos hace falta. Cuando sentimos anhelo de hacer algo y frustración al no poder, puede ser que nos están guiando a nuestro verdadero yo. No lo olvides, si te sientes así no hagas como que no pasa, detente y escúchate. Hazle caso a tu intuición.

Estudios de psicología cognitiva mencionan que la intuición puede ser vista como un tipo de procesamiento rápido de información basado en experiencias previas. Esto puede alinearse con la idea de que el alma tiene un conocimiento profundo del que a menudo no somos conscientes. O sea, ignoramos nuestra intuición. No obstante, es momento de ponerle atención, darnos tiempo para reflexionar cada vez que llegue algo a nosotros, seguro es un mensaje.

Hablar del alma es complejo, pero aquí te dejo algunos de los significados que encontré en diferentes páginas y libros del alma. Léelos y dime si te lleva a pensar lo mismo que a mí.

- Alma es **la esencia inmaterial que define la individualidad y su humanidad**. El alma es considerada el principio que **da vida.**
- **Según la teología**, el alma es una parte del individuo que contiene una porción divina y se cree que sobrevive a la muerte del cuerpo.
- Parte espiritual e inmortal del hombre, capaz de entender, querer y sentir, y que, junto con el cuerpo, constituye su esencia humana.

El alma es un enigma, es fe, es el principio de todo, es infinita, por eso déjate llevar por la idea, por lo que sientes. Al hablar del alma percibimos lo que somos, sentimos si estamos en el lugar correcto y si lo que hacemos es nuestra vocación o cambiamos el rumbo.

Y aunque no vemos el alma, sí la reconocemos, y puede traernos muchos beneficios. Varios estudios demuestran que las personas con una fuerte conexión espiritual o una creencia en algo más grande que ellas mismas (lo que podría entenderse como el alma) tienden a tener mejor bienestar emocional, menor ansiedad y depresión, y mayor resiliencia ante dificultades. Esto indica que cultivar la espiritualidad o la conexión con el alma puede traer beneficios notables en la salud mental y física. ¿Por qué no intentarlo?

Cuando te enamora la vida, cuando estás en donde debes estar, lo sientes, aunque te vayas de ahí corriendo, tú lo sabes, pero dudas. Nos da miedo arriesgarnos, cambiar, pero esto no lo debes olvidar: **puede arder hasta la piel cuando salimos de las espinas, pero nada puede detener la pasión por la vida cuando realmente la habitas. Permítete sentir e intentar eso que sueñas.** Cuando sientes plenitud, conoces a alguien y sientes que te gusta estar ahí, cuando te emocionas de pensarlo, es ahí, el alma sabe.

El verdadero tú es aquel que apareció el día que nació, sin etiquetas, sin juicios, lleno de cualidades, a ese ser es al que vamos a recuperar. Porque está ahí, dentro de ti, solamente lo olvidamos un poco por el ajetreo del día a día. El alma sabe, tú sabes.

> **El alma siempre sabe qué hacer para curarse a sí misma, el desafío es silenciar la mente.**
>
> CAROLINE MYSS

> **Si tu alma está presente en cada uno de tus actos, jamás te arrepentirás de nada.**
>
> Atribuido a JUAN LUIS VIVES

LA MENTE

El problema de tener una mente abierta es que
la gente insiste en entrar y poner allí sus cosas.
TERRY PRATCHETT

Hablemos de la mente. ¡Ay, la mente me ha causado varios problemas! Justamente porque muchas veces dejaron o dejé en ella cosas que la hacen creer que esa es la verdad. La mente es infinitamente poderosa... Bien dicen que si lo crees lo creas, o que si pasa por tu mente pasa por tu vida. Pero cuando se le olvida que es parte de tu equipo y que trabaja para ti, te puede llevar a lugares terribles.

Mi psicóloga, Eva, a quien siempre le agradezco que me acompañe y guíe, me dice que la mente puede ser la editora del terror mientras escribes tu serie. A veces quiere dictarme cosas horrendas, y me hace pensar que me van a engañar, que no me veo bien, que no voy a poder, que se ve mejor la otra, que se va a caer mi hija, que a lo mejor yo tengo la culpa de todo (ja, ja). Es tremendo tener una mente tan participativa también en los pensamientos negativos. Y yo, por alguna razón, dejo volar mi imaginación a lugares a los que ya quisiera Quentin Tarantino llegar. De verdad, hago historias con cada cosa que la mente me dice, no sé si te pase a ti también.

Lo que hoy me gusta es que ya sé de dónde vienen todas esas cosas, creencias y pensamientos. No lo superé por arte de magia, fui a recolectar información, aunque a veces me sorprende con una nueva cosa porque, eso sí, lo que sea de cada quien, es creativa la chica. Pero nada más le digo que se calme y que regrese al equipo porque me pone nerviosa, y ya entiende mucho mejor. Hacer equipo es una opción poderosa.

Hace poco tuve una pelea tremenda con mi mente, iba en el coche y le empecé a gritar que qué le pasaba. Realmente le grité, la cuestioné: "¿Qué no sabes que trabajas para mí, que somos equipo?, ¿qué te pasa, vas a estarme diciendo cosas que hieren, que me asustan, que me hacen procrastinar?".

Caray, es que a veces parece que trabaja para todas esas cosas que hemos aprendido en este planeta o para las personas que desean que lo crea. No es chiste, me la puse como camote y le advertí que ni se ponga de sentida y me castigue con una demencia o algo así. Se lo dejé claro y al parecer nuestra relación está mejorando. Hablar con claridad cambia las relaciones. Tenemos que hablar y decidir lo que queremos creer y crear.

Es chistoso pensar que regañé a mi mente sacando palabras de mi mente, pero es como utilizar todas las funciones que tiene y saber que podemos hacer cosas grandiosas. Mi alma se hartó, mandó la señal a la mente y mi cuerpo reaccionó, eso es lo que yo llamo una **fantasticada**, una perfección del ser. Cuando quieres que todo mejore y das la señal, empiezas a estar alerta de ti y entonces no dejas que avancen los pensamientos y emociones que te dañan.

Ahora he aprendido mucho de la mente, pues es importante saber quién anda metida en nosotros, de qué somos parte. Y cómo y por qué reacciona así.

Es muy interesante descubrir los procesos mentales, por ejemplo, se dice que al día tenemos aproximadamente 60 000 pensamientos, de los cuales el 95% son inconscientes, así que solamente el 5% es lo que decidimos pensar, madre mía, y además el 80% son pensamientos negativos, ¿te imaginas eso? Es real, estamos dejando que todo fluya en automático, sin reparar, no ponemos atención, vivimos en modo avión y eso nos hace ser quienes somos, no tomamos decisiones reales, pues el inconsciente ya las tomó por nosotros. Pero si queremos algo distinto debemos tomar lo que nos corresponde, hacernos cargo de nuestra mente y participar activamente en los procesos.

Es por esto que debemos nutrir la mente con lo que queremos que nos diga. Hay que leer, escuchar, ver y rodearnos de personas que les aporten a los futuros diálogos que tendremos con nosotros mismos. Si es importante todo lo que escuchamos, leemos y vemos, la mente no distingue realidad de fantasía, por ello hay que informarle. De eso depende nuestra vida, nuestra seguridad, confianza y paz. Por eso se dice paz mental.

Tenemos que estar conscientes de lo que estamos pensando para no dejar que se nos vaya la vida en esos mismos pensamientos repetitivos que se generan todo el tiempo sin que nos cuestionemos. Eso impide el cambio, la transformación. Nuestro entorno es fundamental para nuestro estilo de vida.

El autor, orador y fuerte influencia de grandes personajes dedicados al desarrollo personal —como Brian Tracy o Mark Victor Hansen—, el gran empresario estadounidense

Jim Rohn, lo dijo muy bien al mencionar esta frase: "Somos el promedio de las cinco personas que nos rodean". Es un concepto muy interesante: si tus personas más cercanas son depresivas, les va mal, no les gusta nada, son negativas, se la pasan juzgando a los demás, debes pensar que si estás ahí es porque seguramente encajas ahí. Qué fuerte.

De lo contrario, si son personas que crecen constantemente, se desarrollan en los diferentes ámbitos de la vida, se cuidan, buscan lo mejor en los demás, se alegran con los logros ajenos, seguramente tú estás en ese mismo lugar. Y así como las personas que más amas tienen una influencia sobre ti, tú también la tienes sobre ellas.

Menciona tres cosas que les das a los demás. Piensa de qué manera impactas en la vida de las personas más cercanas a ti.

1. ______________________________
2. ______________________________
3. ______________________________

Con esto que escribiste, ¿crees que eres tú quien le aporta negatividad al entorno o cooperas con la paz de los demás? Contesta con la verdad, es un gran ejercicio para reconocer qué podemos seguir haciendo o qué podemos hacer para mejorar.

____

____

Hay que cuidar nuestra mente y ser conscientes de lo que aportamos al mundo, a los que amamos o nos rodean.

Es cierto que el papel de la mente es mantenernos a salvo, a ella le vale que seamos felices, solo quiere que sobrevivamos, es por eso que se queda en los lugares conocidos o nos hace tener miedo para evitar que nos arriesguemos... Y lo agradezco, pero eso nos limita. Si no le enseñamos de nuevo a la mente nos quedaremos atascados.

Si creemos solo en esos lugares seguros a donde la mente nos lleva, nos vamos a perder de la vida que deseamos. Y aclaro que lugares seguros no significa siempre lugares óptimos, a veces son zonas de confort, de miedo, de costumbre. Cuando crees que ya estás teniendo la vida que quieres, entonces tu mente ya estará programada para seguir en ese camino, y ahí está bien mientras sigas cuidando conscientemente lo que pasa en ella, qué te dice y qué haces con esa información. Y si algún día decides cambiar el rumbo otra vez, entonces deberás reeducarla y decirle hacia dónde van ahora.

La mente es lógica, si no lo cree, si no te cree porque no lo siente, no lo hará. Se trata de sentir, no solamente de decir las cosas. Puedes repetir millones de veces *Soy feliz*, pero si no lo crees, si no lo sientes, la señal no llega y entonces no funciona. Debes empezar a sentir que lo que dices es verdad para que tu mente lo acepte.

Cuando el alma y la mente trabajan juntas por nuestro bienestar, logramos lo que sea. Pero somos nosotros quienes debemos hacer de esa amistad un hecho, porque si dejamos de ponerle atención al alma y dejamos que los pensamientos negativos nos invadan, será muy complicado salir de ahí.

Reitero, lo que leemos, lo que vemos, las personas que nos rodean, lo que comemos, lo que nos decimos y todo lo que hacemos influye de manera directa en lo que la mente hará con nosotros.

Hoy, en este tiempo de mi vida, todos los días debo trabajar en callar a la mente o al menos bajarle el volumen cuando quiere regresar a esos lugares que me hacen daño. Cuando la dejo suelta, sale su escritor de *thriller* y me puede llevar a esos lugares a los que ya no quiero volver.

No es broma, debemos estar pendientes de lo que nos dice para no caer y sobre todo para reprogramarla. Recordemos que lleva años haciendo lo mismo, creyendo lo mismo y de repente quiere regresar ahí por comodidad. Es nuestro trabajo enseñarle de nuevo para convertirnos en eso que deseamos. A veces quiere volver o quedarse en lugares muy dañinos, en relaciones tóxicas, hasta violentas, es lo que conoce, por eso hay que darle nueva información.

Enseñé a mi mente desde muy chiquita a callarse, pero lo hice equivocadamente, la callé en las cosas que sí valían la pena, en esas cosas que el alma le dictaba, cosas que sabía que eran el mejor camino para mí. Seguro el miedo a salir de la zona de confort y ser rechazada si no lo hacía bien me hizo dejar de lado esos sueños.

Por ejemplo, yo sabía que era inteligente, pero no decía nada porque pensaba que quizás me equivocaba. Así que decidí saber que soy inteligente y no aprovecharlo como debía; o era buena cantando, pero no me lo creía, así que mejor dejé de hacerlo, me daba pena, pensaba que todos lo hacían mejor que yo. Fui apagando mi seguridad y me fui alejando de los focos principales. Estoy segura de que, al principio, la mente y el alma están en conexión y mandan señales, dicen hacia dónde debes ir, pero llegan los comentarios, las creencias y lo olvidamos, dejamos de hacer caso.

Prefería pertenecer al grupo, así que hacía lo que fuera para que me aceptaran, hacerme la chistosa, quedarme hasta el final, reprobar si era necesario para estar igual que mi amiga, lastimarme un dedo para no jugar básquet porque pensaba que era muy mala, y era mejor que pensaran que me había lastimado a que me vieran fallar. Entonces no sabía que moldeaba mi mente con pensamientos de carencia, inseguridad y necesidad. No sabía que, como plastilina, la hacía cambiar de forma y dejar atrás lo que realmente venía a hacer.

Esos pensamientos combinados con emociones poderosas hacían parecer que era cierto, que no era buena, que no me veía bien; cosas que hoy, cada vez que hago el ejercicio de meditación con mi niña, debo decirle que no son verdad, que era perfecta y que todo está bien.

La comparación constante puede ser muy peligrosa, puede distorsionar nuestra imagen. Si no somos, hacemos, tenemos o nos vemos como la persona con la que nos comparamos, empezamos a minimizarnos. Todo esto nace de una falta enorme de ser suficiente y significativo, son patrones que aprendemos y se incorporan de forma inconsciente en nuestra manera de ser. Nos olvidamos del verdadero yo poderoso y perfecto para darle paso a esta construcción que "debemos" hacer de nosotros mismos para pertenecer.

¿Te ha pasado algo así?, ¿haces o has hecho cosas que van en contra de ti? Recuerda que todo lo que adquirimos con el paso del tiempo influye inevitablemente en la percepción que tenemos de la vida. Todo eso que vivimos nos hace ser quienes somos.

Por eso, hoy que somos adultos, es muy importante estar conscientes de nosotros mismos... No más abandono y vivir en la *pazguatez*, debemos estar atentos a lo que pasa en nosotros. Además, hay que guiar a los niños y niñas para que sepan que lo que son es perfecto y que **si quieren más no es porque les falte, sino porque tienen vocación, porque pueden y quieren lograr otras cosas**.

Podemos moldear nuestra mente y enseñarle a ver lo maravillosos que somos. Debemos hacer que regrese al principio básico, que regrese a la verdad. El alma viene de la creación divina, trae toda la información, es perfecta, llega a la Tierra a habitar un cuerpo con mente o una mente con cuerpo que nos ayuda a vivir en este plano.

La mente es quien ayudará al alma a lograr todo lo que viene a hacer y aprender, pero si la mente deja de escuchar al alma y le pone más atención a lo que sucede aquí, a lo aprendido aquí, a lo escuchado aquí, todo empieza a cambiar. El alma vuelve a intentarlo, a redireccionar, pero si la mente ya se cree superior, el alma empieza a apagarse, y es ahí cuando surgen las inseguridades, las depresiones, los miedos.

Nos separamos de nuestro verdadero ser para solamente ser, para ir fluyendo con lo que pase. Por esto es que siempre hay que ponerle atención, escucharnos, recordar quiénes somos, justamente para no perder los motivos de la vida, para no dejarnos llevar solo por lo que oímos o aprendimos. Es momento de enfocarnos en lo grande. Recuerda hacerte cargo de tus pensamientos y romper con eso que te lleva al mismo lugar.

Si la mente escucha cosas negativas o de carencia y tu cuerpo las siente, el universo las hace realidad, es tu orden, tú mandas, y la mente manda la señal y el universo cumple.

"No tengo dinero", "Nada me sale bien", "El amor no es para mí", "Siempre estoy enferma", "Todo lo que como me engorda", "El frío me hace daño", "Mis hijos no pueden comer nada porque todo les cae mal"... Son frases que, cuando las creemos, nos llevan a reafirmar de la manera que sea que son verdad. La mente nos hará saber que así es, que si eso pensamos eso es. "A sus órdenes, jefe", eso nos dice la mente.

Omar Chaparro, una persona que admiro y quiero mucho, lo dice de una manera espectacular: "Debemos ser samuráis del pensamiento, porque lo que piensas y sientes llegará a ti". Me encantó, lo escuché decir esto en el pódcast de Nayo Escobar; si no lo has escuchado, te recomiendo hacerlo.

Por esto es tan importante cuestionar a la mente, analizar de dónde vienen esos pensamientos, quién te enseñó todo eso y empezar a trabajar para que las cosas cambien.

Cambiemos las frases negativas por: "Siempre me alcanza porque soy capaz de producir más dinero y lo merezco"; "Todo me sale bien porque siempre pienso positivo, me preparo, me asombro, disfruto"; "Yo soy amor, por eso el amor llega a mí todos los días"; "Todo lo que como me nutre, elijo qué comer para sentirme mejor y lo disfruto"; "El frío y cualquier clima son parte de la abundancia del universo y me pongo lo adecuado para sentirme cómodo"; "Mis hijos están completamente sanos y su cuerpo les dice qué es mejor para nutrirse de manera correcta".

Hasta para hablar de alguna enfermedad, no hay que decir *soy* diabético, eso te define por completo, mejor *tengo diabetes*. Te puede parecer absurdo, y no sé si sea magia, pero así como le otorgas el poder al medicamento para curarte, puedes otorgarle el poder a tu mente para obtener resultados diferentes. No digo que no vayas al doctor, solamente que tomes acción desde tu cabeza y emociones y seas parte activa en los procesos.

> **Cuando realmente eres consciente del poder que tienen tu mente y pensamientos, te aseguro que decidirás solamente pensar cosas positivas.**
>
> Paulina Greenham

> **La mayoría de nosotros seremos tan felices como ordene la mente.**
>
> Abraham Lincoln

La mente lo es todo, es en lo que piensas, es en lo que te conviertes.

Buda

EL CUERPO

Sé amable con tu cuerpo para que tu alma tenga ganas de habitar en él.
Santa Teresa de Ávila

Recuerdo el día que me miré al espejo y todo lo que vi fueron "defectos". Cada arruga, cada curva me parecía una imperfección. Sin embargo, ese mismo día, escuché que alguien, una voz que sentí muy familiar, me dijo: "Tu presencia ilumina la habitación", no era una persona, fue algo que escuché, que sentí. Fue entonces cuando comprendí que el cuerpo no era el enemigo, sino mi percepción de él.

Vivimos en una sociedad que nos dicta cómo debería verse nuestro cuerpo para ser considerado "bello". Nos bombardean con imágenes de perfección que parecen imposibles de alcanzar. Sin embargo, la verdad es que nuestro cuerpo es nuestro hogar, nuestra herramienta para vivir, y merece ser amado, no criticado. Un estudio de Dove reveló que el 80% de las mujeres y el 58% de los hombres se sienten presionados a cumplir con ciertos estándares de belleza. Es hora de liberarnos de esa presión y comenzar a vernos con ojos de amor.

Pienso que la mejor manera de cuidar el cuerpo es viéndolo desde el amor, no podemos respetarlo si todo el día lo juzgamos, lo comparamos y le hablamos terrible. Amar el cuerpo es difícil en este mundo que nos dice cuáles cuerpos son bellos y cuáles no, pero *vale madres lo que digan*. Sé que no es fácil, pero nuestro cuerpo es nuestro lugar, nuestra casa, por ello hay que cuidarlo, porque ahí viviremos el resto de nuestros días. Nuestro cuerpo no somos nosotros en esencia.

Ya basta de escuchar y ver miles de cosas que nos hacen sentir que no nos vemos como deberíamos, somos lo que somos y eso se llama **perfección**, y cuando lo admites y amas tu cuerpo, lo cuidas.

Cuidas tu cuerpo no para verte como alguien más, sino para ser la mejor versión de ti, por salud y por **amor**. Olvidamos que el cuerpo es nuestra herramienta para llegar a la meta. No somos solo un cuerpo, pero el cuerpo es el lugar en el que vivimos, sin él, RIP.

Buscar salud de verdad, cuando lo que queremos es que ese que vemos en el espejo no sea nuestro cuerpo, es muy difícil, porque entonces todo lo percibimos como un castigo: hacer ejercicio, comer bien, tomar agua, vitaminas, usar cremas. Vernos en el espejo, aceptar lo que vemos, todo se vuelve complicado porque no amamos lo que vemos. Deseamos cambiarlo a como dé lugar. Eso no es salud. De hecho, es de los procesos más duros que he vivido.

Ponemos mil peros a nuestro cuerpo: "Mis brazos no me gustan, estoy gorda, ojalá tuviera más o menos pelo, tengo mucha o poca pompa, mi nariz no me gusta"... Todo el tiempo vemos un defecto en nosotros.

¿Qué piensas de tu cuerpo?

____

____

____

____

No sé qué sea ser "perfectos". Los anuncios, la historia, la educación nos han puesto unos estándares del deber ser muy superficiales, no perfectos, esa es la diferencia, porque estos estándares nos alejan del punto principal al que venimos, nos distraen del plan del alma. Además, la perfección también cambia dependiendo de la época y de quien la define, o sea que es al gusto del consumidor. Uno debe estar como dictan los que imponen las modas o el lugar en el que vivimos, o las personas que nos rodean, la época, etc. Por ejemplo, si yo hubiera nacido en la época del cine de oro, mis caderas serían un éxito, ah, pero vine a nacer cuando hay que ser muy delgada, ja ja, ja, ahora me encanta.

Todos somos perfectos, pero hemos aprendido que no. Claro que, si algo no te gusta, tienes el derecho de cambiarlo, de mejorarlo, pero por ti y para ti.

Se vuelve más complejo conectar tu alma con tu mente, porque le damos mucha más importancia a lo externo, al qué dirán. Buscamos aceptación, en lugar de saber que, si somos alma, solamente seremos inquilinos del cuerpo y entonces cuidaremos ese lugar, ese espacio que nos fue dado para cumplir el propósito.

Cuando reconoces que eres lo que está dentro de lo que ves, entonces tú le das la información a tu mente, que a su vez le ordena al cuerpo que es perfecto y así todo fluye. Aceptación y responsabilidad.

No te pasa que si llegas a una casa descuidada o vas a rentar un lugar y está sucio, con las cosas rotas, piensas: "¿Cómo es que quien vivía aquí pudo tratar tan mal este espacio? ¿Cómo es que si ya pagaste por una casa y ya es tuya la descuidas?". A mí me impresiona ver las casas descuidadas, como si pensaran: "Pues ya la tengo, ya me vale"; y no solo con las casas, los coches, los trabajos, hasta las personas... Y pienso que sería al contrario: la tengo, la amo, la cuido.

Esto no lo supe toda la vida, no creas. No siempre he cuidado mi cuerpo como ahora, ni lo había amado tanto como hoy. Me imagino que el alma, cuando ve que lastimamos al cuerpo de una u otra manera, nos hace ojos de huevo diciendo: "¿Qué te pasa, Paulina? ¿Para esto querías bajar?, ¿tantas ganas para envenenarte a ti misma? Por fin estamos en la Tierra experimentando millones de cosas, conociendo gente, amando, y tú destruyéndote". Ja, ja, ja, sí, qué terca, pero lo hacemos.

Quizás hayas visto la película *¿Conoces a Joe Black*? Salen Anthony Hopkins, Claire Forlani, Brad Pitt y muchos más. Es maravillosa. Un ser, un algo, en este caso la muerte, llega por primera vez a la Tierra habitando un cuerpo y por primera vez en su historia siente, tiene un cuerpo y descubre sensaciones, emociones, se sorprende con cada cosa que huele, que prueba, que ve, que siente.

Hay un momento fantástico en donde el chef le ofrece una cuchara con crema de cacahuate y la prueba y no lo puede creer, no quiere dejar de comerla... Y así cuando se conmueve, cuando llora por primera vez. Es maravillosa, véla por favor otra vez, y si no la has visto, hazlo. Vale la pena ponerle atención más allá de lo que vemos a simple vista. Qué pasa cuando llegamos y vamos descubriendo todo... El cuerpo nos permite sentir, oler, tocar, probar, es divino, pero lo dejamos de valorar porque lo damos por hecho, nos acostumbramos.

Menciona tres cosas que hace mucho tiempo no haces y te gusta realizar porque te da placer y felicidad.

1. ______________________________
2. ______________________________
3. ______________________________

Y ahora apunta qué te impide hacer lo que te gusta:

____

____

____

____

Después de hacerte consciente de lo que te aleja de seguir haciendo las cosas que te generan placer, ¿crees que puedes derribar las limitaciones y volver a intentarlo?

Todos los días tenemos la oportunidad de experimentar algo nuevo, de sentir, probar cosas, escuchar algo diferente... todos los días... depende de nosotros si queremos darle el valor real al cuerpo y usarlo como vehículo perfecto para despertar. La realidad es que dejamos de asombrarnos... cuando alguien llora lo vemos normal; damos por hecho las cosas que queremos; perdemos la fortuna de probar cosas nuevas, de oler, de escuchar lo que nos rodea. Las lágrimas siguen siendo impactantes, las risas fascinantes, los sabores relevantes, y así cada cosa a la que ya nos acostumbramos. No es normal, es un milagro cada vez que ocurre. No podemos cumplir el propósito si no amamos nuestra presencia, que es la presencia de la creación.

Recuerdo a mi maestro Raúl Quintanilla; quienes no lo conozcan, es un director, dramaturgo, profesor, conductor y gran analista del comportamiento humano. Él me ayudó tanto, y quizás sin darse cuenta de cuánto impactaría en mi vida. Le aprendí y le aprendo todo lo que puedo. (Gracias, maestro). Te cuento cómo fue:

Un día hice un *casting* para conductores en TV Azteca y me quedé. Gané un lugar para el curso. Cabe mencionar que, si de por sí tenía inseguridades con mi cuerpo, la pregunta del jurado fue detonadora: "¿Te operarías si fuera necesario para estar en la tele?". Tan innecesario, pero tan real fue el cuestionamiento al que contesté que sí. Supuse que era la forma de quedarme. Y lo logré, pues pasé la prueba, estaba dentro del grupo que estaría en un curso especial en la televisora. Cuando conocí al maestro, me impactó su voz, su fuerza, su claridad, su personalidad. Empezó la clase. Yo iba con unos pantalones, una playera pegada y un suéter enorme amarrado a la cintura, y me dijo: "Señorita, pase al escenario". Nooo, por favor, casi me da un infarto, no conocía a mis compañeros, me sentía insegura y enfrente de él todo sería terrible, eso pensaba. Pero era imposible decirle que no, sobre todo porque sentía admiración hacia él y quería aprender, además, estaba en un curso con el que yo había soñado con entrar y de eso se trataba, así que subí de inmediato.

Me pidió que me presentara y hablara de mí hacia las cámaras y los demás participantes. Yo sola arriba. Así que empecé... traté de dar lo mejor de mí. "Soy buena en lo que hago", pensé, "olvídate del cuerpo y haz lo mejor que sabes". Todo salió bien con mi presentación, excepto que al terminar el maestro me preguntó: "¿Se siente usted muy bonita?". "No, maestro". "¿Por qué no?". Ay, ya no sabía qué decir... sí, no, más o menos, ¿qué digoooo? Él con una serenidad y amabilidad profunda me dijo: "Pues parece que sí se cree muy bonita porque esconde todo el cuerpo detrás de un suéter o un trapo o lo que traiga amarrado, y solamente nos muestra su cara, ¿le gusta su cara?". "Sí, maestro, más que mi cuerpo". "Pues déjeme decirle algo, si usted lo creyera se daría cuenta de que su presencia es gratísima, dejaría que todos decidiéramos si nos gusta o no cómo se ve, aventaría el trapo y se atrevería a ser quien es. Ojalá un día lo considere".

No puedo olvidar la hermosa sensación que tuve..., el maestro vio en mí lo que yo creía que nadie más veía, obvio fuera de mi familia. Se me quedó atravesado ese momento. Lamentablemente ahí no pude comprenderlo, pues no todos eran como él. Pero hoy, al subirme a un escenario, **siempre** lo recuerdo , y tengo presente que mi presencia es *gratísima*. Fue un gran maestro de vida. Lo rememoro con mucho cariño y también a la mayoría de mis compañeros y maestros de ese curso maravilloso, que de verdad fue retador para mis más grandes inseguridades.

Pero a pesar de escuchar que decían cosas lindas de mí, no las creía porque desde pequeña no pensaba que mi cuerpo era especial, sentía que estaba "gordita", me daba mucha inseguridad. Creía que ahí estaba el valor. No podía gustarle al niño que me gusta, eso pensaba..., mis amigas tenían cuerpazo, lo siguen teniendo y a veces no se lo creen, porque no depende de cómo te ves sino de cómo te sientes. Y bueno, pues yo me comparaba por lo que creía de mí, no veía la belleza de mi ser.

De acuerdo con la Asociación Americana de Psicología (APA), la baja autoestima relacionada con la imagen corporal puede contribuir a trastornos de ansiedad y depresión. ¿No sientes que cuando te ves "mal" cambia tu estado de ánimo y tu paz? Cuando sientes que te ves mal, puedes estar todo el día incómoda o insegura. Uno de los hábitos más dañinos es compararnos constantemente, eso afecta mucho la forma en la que nos vemos. Por ejemplo, si tú crees que la persona que sigues en redes es la perfección y mide más que tú en estatura, menos en medidas, crees que es más exitosa que tú, tiene el pelo diferente al tuyo, se viste de revista, va a los mejores lugares, etcétera, si tú ves eso como lo que deberías de ser, entonces minimizas todo en ti.

Podemos ver a personas que admiramos y que nos inspiran a mejorar, pero no para ser como ellas, sino para encontrar la forma de ser nuestra mejor versión.

Cuando tenía catorce años, pensaba que no le gustaría al niño que me encantaba, pero ¿qué crees? Pues sí le gusté. Pero ¿qué crees? Me pintó el cuerno con una compañera mucho más flaca que yo, cabe mencionar, y eso me ayudó a recordar que tenía razón... yo no era suficiente.

Hoy no culpo a nadie, éramos muy jóvenes y fueron errores que a todos nos llevaron a aprender. No fue que yo no valiera, para nada, o que él fuera mala persona, para nada, él es un gran ser humano, solamente que eso que pasó me hizo creer que era por mí. Reafirmé mis pensamientos: no veía cómo les gustaría a los demás, no valía tanto como para que alguien se quedara conmigo. Y al no sanar lo que pasó, seguí así por un largo camino de relaciones un poco tormentosas. Creía que el problema era yo, entonces pensaba que merecía lo que fuera.

A veces pensamos que como fue a los 14 o cuando éramos jóvenes, es equis, lo devaluamos, lo minimizamos, y como ahí estás muy chiquita, te dicen muchas cosas, "se va a arrepentir", "no te merece", cosas para ayudarnos a sentirnos mejor, pero la verdad es que no pasa, todo eso es con buena intención, pero no quitará la herida, la huella que deja en nosotros, si no la curamos.

Hay eventos en nuestra vida que nos marcan. Por eso es tan importante darles herramientas a los niños, jóvenes, niñas y jovencitas para que sepan que su ser es divino, que nos pasarán cosas que quizás nos duelan, pero que eso no nos hace ser menos, sino que siempre somos suficientes y valiosos.

Mi mamá es una mujer hermosa que siempre ha hecho mucho ejercicio, mi papá lo mismo, y mi hermano hoy es nadador de aguas abiertas, *fitness* a más no poder. Son hermosos. Yo no me sentía igual, no es que ellos me lo hayan dicho, pero me veía diferente, según yo. Me esforzaba por hacer las cosas que ellos hacían, corría, nadaba, pero más por ser aceptada que por quererlo, a mí no me gustaba, sentía que me salía fatal y que llegaba al último, y yo quería que me vieran perfecta. Obviamente al no sentir que lo hacía bien, me daba miedo sentir que no era buena o que solo les daba ternura verme hacerlo. Me alejé de los deportes no porque no me gustaran, sino porque yo solita creía que no lo hacía bien, me comparaba con mi familia y amigas. Además de algunos comentarios que ayudaron a que me sintiera así: "Con esa cara tan bonita debes cuidar tu cuerpo", "Lo tuyo lo tuyo no son los deportes". Ese tipo de comentarios venían de tantos lados que ya ni recuerdo, pero hasta hoy lucho con eso, a pesar de todo lo que sé. Pienso que algunos no fueron comentarios malintencionados, aunque hubo personas que lo hicieron por herir, pero con y sin intención, para mí eso reafirmaba que no estaba bien y me dolía. Hoy sé lo que soy, no soy la mejor en todos los deportes, pero le echo mucha actitud y soy buena.

Es ver las cicatrices y recordar cómo se hicieron, y me cuesta no volver ahí, pero mi imagen es algo en lo que trabajo mucho, todos los días, para ser honesta y me cuido para no ser víctima de esos pensamientos, si me gusta verme bien, hago las cosas para que así sea.

Veo mis fotos de años pasados y pienso que me veía muy bien en cada etapa, a veces me gusto más, pero nunca tuve razón para tratarme mal ni sentirme terrible. Veo mis fotos pasadas y solo puedo pedirme perdón y abrazar a mi yo de esa época por no haberla valorado como debía.

¿No te ha pasado que, según tú, te veías terrible en algún momento y, al pasar de los años, ves una foto de ese tiempo y te ves diferente? Sé que todos tenemos tiempos mejores (ja, ja, ja), pero la mayoría de las veces pensamos que nos veíamos peor, y la verdad es que, aunque aún hoy no te guste cómo te veías, debes volver ahí y abrazar a tu yo de esa edad y cuidarlo, pedirle perdón por juzgarlo tan duro. Me da coraje que tantas veces lo de afuera marque tanto lo de adentro en cada uno de nosotros, me da tristeza porque se vuelve doloroso para muchas personas.

Bueno, volviendo al ejercicio, cuando lo hacía, quería darlo todo, acababa con los cachetes morados y cansada, pero sabía que eso les daría gusto y había un: "¿Ves cómo sí puedes? ¡Muy bien!", y eso era una recompensa poderosa, por eso lo intentaba. Pero me boicoteaba cuando me comparaba, no quería verme tonta o mal. Hoy lo pienso y no puedo creer cómo nos frenamos en cosas por pensar así de nosotros, por creer que no podemos. Hay que intentarlo con actitud, con ganas, y si no nos sale lo volvemos a intentar, y podemos disfrutar el proceso. Ahora lo sé y a veces da miedo, pero siendo mi propio equipo es mucho más fácil, ahora me divierto al intentarlo, aunque muchas veces me sale fatal, pero me divierto y valoro mis ganas.

A mis papás y a mi hermano les doy las gracias porque sé que cada cosa que hicieron fue por amor, aunque a veces uno lo recibe diferente. No somos iguales, hoy ya lo sé, y sé que puedo hacer lo mío y hacerlo muy bien. Me molesté muchas veces, pero hoy agradezco la intención. Cada uno a su manera.

Y además hoy tengo una condición maravillosa, amo correr, sigo sin amar tener que levantarme para ir al gym, pero lo hago feliz porque sé lo que hace en mí. Ya me siento mal si no hago ejercicio, al final se logró. ***Gracias, familia***, cada quien a su modo me enseñó mucho, me siguen enseñando más de lo que creen.

Juzgué mi cuerpo desde chiquita y hasta la fecha es un duro trabajo con la mente, pero entre más entiendo el significado de la ***Divina Trinidad***, más cambio los hábitos para que todo funcione a la perfección.

Además, lo que vemos en la tele, en redes, lo que escuchamos en las reuniones nos hace pensar que eso es lo que está bien. Entre más ***likes*** y buenos comentarios a alguien, creemos que es lo mejor, y si no nos parecemos nos sentimos mal. Por eso la importancia de no compararse. Sé tú y disfrútalo.

Por supuesto que hay que cuidar nuestro cuerpo de muchas maneras, pero desde el amor, y no significa quedarse sin hacer nada solo porque así me acepto, claro que, si es lo que tú decides, pues adelante. Lo que sí debes saber es que cuando cuidas tu cuerpo, te sientes mejor, más allá de cómo te veas, te ayuda a vivir de una mejor manera, pero siempre desde el amor (al rato te contaré cómo).

Solo quiero decirte algo, te juro que no importa cómo te veas a ti misma, a ti mismo, esto te lo digo a ti para escucharlo también yo, **eres perfecta, perfecto**, no hay ninguna expectativa que cumplirle a nadie. No tienes que ser como alguien dice.

Entiendo que es padrísimo estar bien con los demás, necesitamos ser parte de algo, de una comunidad, para subsistir, pero no por eso debemos hacerlo todo para que nos acepten en algún lugar o algunas personas. Te juro que hay muchas tribus que amarán lo que eres, ¡es más!, seguro ya aman quien eres y lo que más desean es que veas en ti la grandeza que ellos ven. Ahí donde ser tú es fácil, ahí donde se celebra cómo eres, donde no tienes que fingir, ahí es tu lugar. No tenemos que parecernos a nadie, busquemos el camino a casa, a nuestro cuerpo, y si algo podemos hacer para cuidarlo más, adelante, pero por amor, no por odio.

Y a todas las personas que lo primero que hacen es ver a alguien y decir: "Ay, te ves más flaca, qué bueno", "Oye, qué bien te ves, has bajado de peso", "Qué flaca te ves, así te ves muy bien" o cosas así, evítalas, y más si no son alguien que tenga el permiso de opinar sobre la otra persona. Es poner demasiada atención en el cuerpo, en lo externo, no sabemos lo que la otra persona está pasando. A lo mejor a muchas personas les gusta que les celebren cómo se ven, pero no a todas, no sabemos qué hay detrás de cada ser... Puede ser que si hay sobrepeso exista un mecanismo de defensa. Respetemos, y además podemos ver o hablar de otros aspectos.

Estaría muy lindo empezar a cambiar la conversación, dejar de hablar tanto del cuerpo e ir más al: "¡Qué feliz te ves! Me encanta escucharte, es súper interesante lo que cuentas, ¿cómo has estado?", etcétera. Dejemos de poner la atención en lo físico, vayamos más allá, además... ¿hace más o menos a alguien un kilo o diez de diferencia?, quizás te afecta a ti, y si de verdad te preocupa la persona y eres cercano, háblalo, pero no desde el saludo, sino desde el corazón.

Peleamos mucho con el cuerpo, pero es nuestro carrito para andar en este mundo y necesita cuidados y amor. **No te compares, ámate**, y si ves a una persona que te gusta cómo es, cómo se ve, cuánto sabe, úsala de inspiración.

Ejercicios para reconciliarnos con nuestro cuerpo

- Toma cinco minutos al día para escribir tres cosas que amas de tu cuerpo, no importa cuán pequeñas o grandes sean. Puede ser algo tan simple como la fortaleza de tus piernas o la forma en que tu piel reacciona al sol. El objetivo es reconectar con la gratitud hacia tu cuerpo. Empieza ahora...

1. ______________________________________
2. ______________________________________
3. ______________________________________

- Cambia el diálogo interno: la próxima vez que te critiques frente al espejo, detente. Respira profundamente y reformula ese pensamiento. Por ejemplo, en lugar de decir: "Mis caderas son demasiado grandes", di: "Mis caderas son fuertes y me permiten moverme". Así con cualquier pensamiento negativo sobre ti.

Haz esto conscientemente durante una semana y observa cómo cambian tus pensamientos. Empieza con esto, no lo olvides. Para cambiar debemos tener constancia y compromiso. **Cúmplete**, y si necesitas platicar, escríbeme, te acompaño en el proceso.

El cuerpo es el instrumento del alma.

Aristóteles

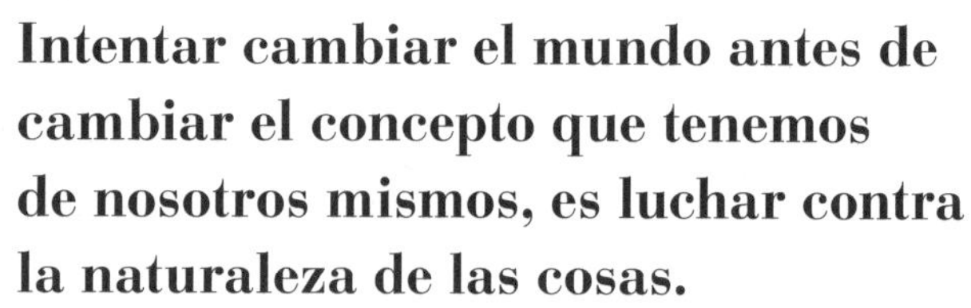

Intentar cambiar el mundo antes de cambiar el concepto que tenemos de nosotros mismos, es luchar contra la naturaleza de las cosas.

Neville Godard

¿De dónde venimos?

~~~~~~~~~~~~

> Un pueblo sin el conocimiento de su pasado histórico, origen y cultura es como un árbol sin raíces.
>
> MARCUS GARVEY

Claro que comprender de dónde venimos es importante para saber quiénes somos y por qué somos quienes somos. Conocer el pasado es conocer el presente.

Lo primero que debemos eliminar de nuestra vida es el juicio a nuestros padres. Comprender que mamá y papá son seres humanos y que vienen con su propia historia, sus heridas y con todo lo que conlleva ser persona, eso es primordial.

Nuestros padres fueron hijos, fueron niños que sintieron tristeza, que tuvieron pérdidas y dolor, que etiquetaron, niños que seguramente alguien también lastimó, que necesitaron abrazos y diferentes herramientas, que vivieron en épocas distintas a la nuestra.

Hagamos juntos un ejercicio para comprender a nuestros padres o cuidadores para aceptar y *resignificar* la historia.

Después de ver a nuestros padres en su infancia, en su adolescencia, en varias etapas de su vida, podemos comprender que todos hemos tenido que trabajar y superar
~~~~~~~~~~~~

cosas en la vida. No justifica que maltraten o lastimen, eso nunca, pero es más fácil comprender de dónde vienen sus comportamientos. Sin juicio, pero con responsabilidad.

Momento de amor
Reconoce a tus padres

Creo que la mayoría deseamos hacer las cosas muy bien y ser felices, aunque a veces no nos sale porque olvidamos quiénes somos y porque las vivencias nos marcan muy duro.

Además, la terapia antes no estaba tan normalizada como ahora, bueno, de hecho en muchos lugares y familias sigue siendo tabú. A los adultos mayores les cuesta un poco más la idea, porque no era normal hablar de las emociones, comprender desde la salud qué te pasaba... El psicólogo y la psicoterapia eran para locos.

Quizás un poco antes, pero me parece que la pandemia fue parteaguas para empezar a hablar mucho más de la terapia y de la importancia de la salud mental.

Los jóvenes, con tanto bombardeo de información, también están abriéndose a la posibilidad de ser más sensibles y de aceptar que necesitamos ayuda para comprender lo que nos pasa. Ellos nos están guiando a los más grandes a darnos la oportunidad de cosas que quizás eran impensables o diferentes en nuestra época y en la de nuestros antecesores. Hay que darnos la oportunidad de tocar lo más profundo de nuestro ser.

A mi parecer, todas las personas deberíamos ir a terapia, no es necesario tener un problemón, es solo saber que cambiamos todo el tiempo mental, física y biológicamente. Tener a alguien que nos ayude a reconocer nuestras emociones para así poder tomar mejores decisiones, creo que es una gran idea. #NormalicemosLaTerapia

La forma en la que reaccionamos habla mucho de nosotros, de las marcas que nos ha dejado la vida. La forma como reaccionamos habla mucho de lo que no hemos sanado o lo ya superado. Las famosas "heridas de la infancia".

Debemos estar conscientes de las heridas de la infancia, pues todos las tenemos de una u otra forma, pero no con la misma intensidad. Además, algunas pueden ser provocadas por la manera de percibir lo sucedido cuando somos niños, otras pueden ser mucho más traumáticas y graves, no solo producto de la interpretación.

Cabe mencionar que no todas las heridas las crean los padres y, sobre todo, que la mayoría no son provocadas de manera intencional. Debemos ir más allá de la intención, debemos ir a la comprensión y sanación. Todos tenemos alguna huella en menor o mayor medida, también nuestros padres y cuidadores. "Todos tenemos heridas, pero no todos tenemos traumas", porque el trauma se genera por la percepción que tenemos del hecho.

Las heridas pueden causarnos: baja autoestima, dificultad para tener buenas relaciones, problemas de sueño, dificultades con el peso corporal, cambios en la forma de nuestro cuerpo dependiendo de la herida... Y muchas otras cosas que nos afectan en la vida adulta.

¿Crees tener alguna herida? ¿Cuál?

____

____

____

____

____

Si no las conoces o no las recuerdas, aquí te hago un pequeño resumen. Estas son las heridas y sé que cada una genera reacciones, las especialistas han llamado a estas reacciones ***máscaras***. Las explico brevemente solo para que las tengamos presentes y nos reconozcamos en ellas.

Rechazo: viene de experiencias que te hicieron sentir no aceptada/aceptado, ya sea por tus padres, amigos, profesores, familiares. La máscara que desarrolla la persona que tiene esta herida es la del *huidizo*. Es decir, la mejor manera para no ser rechazado es huir. El adulto con heridas de rechazo va a evitar apegos y compromisos porque cualquiera de esos contratos le generaría un problema para escapar. Le da miedo ser rechazado y mejor rechaza de alguna manera.

Traición: se genera en los niños y niñas a los que los padres o cuidadores no les cumplieron promesas, les fallaron. Por ejemplo: les aseguraron que los cuidarían, pero los dejaron solos en momentos relevantes. Entonces se vuelven posesivos y controladores para vigilar que nadie los vuelva a defraudar. La máscara es el control excesivo, la ira y la desconfianza.

Humillación: surge cuando en la infancia percibimos que nuestros padres sienten pena de nosotros, ya sea por cómo nos vemos o somos. Como en todos los casos, puede ser desaprobación real o interpretada por algunas formas en la convivencia diaria. Las personas con esta herida tienen dificultades para reconocer sus cualidades, se vuelven masoquistas, no creen que valgan lo suficiente y prefieren anteponer las necesidades ajenas que las propias, no creen los halagos fácilmente, consideran que no son suficientes y que deben aceptar lo que sea. La máscara que utilizan es el masoquismo, la autoburla para hacer reír a los demás.

Injusticia: en esta herida encontramos a las personas que sintieron autoritarismo en su niñez, demasiada exigencia de sus padres. Es decir, jamás o muy pocas veces reconocieron sus logros. Sintieron que había algo en su vida que no debía ser así. Estas tienen como máscara la rigidez, son muy nobles, pero lo ocultan con los demás; se exigen demasiado, no piden ayuda, todo lo quieren hacer perfecto, y si tienen hijos les exigen perfección.

No les gusta la pérdida de tiempo, ni los errores, se llenan de rutinas duras, de estructura rígida y llevan la disciplina a un grado extremo.

Abandono: cuando te sientes abandonado percibes que faltó protección, compañía o amor, atención. La mayoría de las personas tenemos esta huella desde el nacimiento. Pero, como lo mencionamos arriba, no todas generan trauma. Algunas pueden ser por sentir que no llegaron a tiempo por ti, aunque hay unas más profundas. Las personas con esta huella son muy dependientes, esa es su máscara, porque tienen miedo a que las dejen, a quedarse solas, por eso se aferran a quien les demuestran aunque sea un poco de amor o un amor que no es sano.

Para poder reconocer y aprender más a fondo del tema, te recomiendo el libro *Transforma las heridas de tu infancia* de una gran experta, Anamar Orihuela. Ahí yo aprendí lo que hoy sé y es referencia de lo antes mencionado. Con ella reconocí las mías y todos los días trabajo para sanar. Gracias por hacerlo, querida Anamar, te quiero y agradezco tanto aprendizaje. Te admiro.

Esto fue un miniresumen, solo para reconocer lo que quizás traemos cargando, cosas que nos han lastimado y necesitamos cuidar, sanar. A veces ni siquiera sabemos o conocemos de dónde vienen, pero si seguimos sin sanar, la vida seguirá igual. Hay que entrarle. Hay que tomarlo en serio. Cuando no sanamos, podemos llevarnos de corbata a nuestra pareja, hijos, amigos... nuestras relaciones en general y a nosotros mismos. No podemos seguir en la ignorancia de lo vivido, porque, créeme, después duele más la herida y lo destruido que la curación.

No lo hablo solamente porque lo leí, lo hablo porque lo he vivido. Mis heridas no las vi hasta hace poco tiempo, y para ese entonces ya había hecho cosas que hubiera preferido evitar: acepté relaciones muy tóxicas, y era tóxica, me lastimé y perdí tiempo y oportunidades que valían la pena. No dejes pasar más tiempo, hoy es el día, te juro que si no has identificado la tuya, ir a terapia, *coaching*, lo que quieras, te va a ayudar mucho para salir de ahí y sentirte libre y en paz.

Llegar a la raíz del sistema acomoda el presente y mejora el futuro. Cuando determinas de dónde viene tu comportamiento, lo identificas y logras responder diferente a las circunstancias para no actuar en automático. Te hace sentir seguro, vivo de verdad, y no que estás en automático. Eres responsable de lo que vives hoy. Saber de dónde venimos nos ayudará a forjar un fuerte sentido de conocimiento de nosotros mismos.

Los secretos en las familias impiden nuestro reconocimiento, o sea, hay que hablar con la verdad, por más dura que esta sea. Y hagámoslo sin juicio, nadie tiene que cumplir nuestras expectativas y nosotros tampoco debemos cumplir las de nadie. Si los secretos producen miedo, vergüenza, dolor, no significa que esconderlos desaparezca las emociones que generan, y esa energía se pasa de generación en generación e impide que paremos el efecto. Si tú no enfrentas esta batalla, la tendrán que enfrentar los que siguen.

El alcoholismo, infidelidad, enfermedades, suicidios, abandonos, violencia... Se tiene que hablar por más duro que parezca. Todos nos merecemos la verdad, y nada de que esa es mi vida, que nadie se meta y me vale. Si tenemos hijos, tienen que saberlo, y si están nuestros padres, deben contarnos. Y si tú no tienes hijos, no olvides que eres hijo de alguien.

Por eso debemos quitarnos la idea de que es mejor no decirlo para que no sufran o de *ya para qué hablamos.* Creemos que no sirve de nada, que ya quedó en el pasado, pero es mentira, esa energía se queda impregnada en los genes, en el ambiente, en la forma de reaccionar, y trae consecuencias. Por ejemplo: si tu papá o tu mamá fueron infieles y eso te lastimó y no lo hablaste, cuando alguien hable de un tema de engaño no vas a tolerarlo, reaccionarás con enojo o tristeza. Pero no puedes seguir arrastrando historias, debes hacerte cargo y dejar de contagiar a los demás con tu irresponsabilidad hacia ti y tus emociones. Esto no significa que aplaudas cosas con las que no estás de acuerdo, pero tampoco tienes el derecho de juzgar a nadie.

Yo he tenido que preguntar muchas cosas. Te decía hace rato que cuando no podía embarazarme, fui a interrogar a mi mamá, y así lo hice en muchas cosas; y aunque a veces no es fácil, lo intento más seguido y ahí vamos. Cuando no se cuenta toda la historia, se niega parte del origen, y esta sale a la luz de una u otra manera.

Hay que hablar. Las familias debemos platicar de todo, desde el amor y con amor, sin juicio. No debemos tener miedo a discutir, debatir o estar en desacuerdo. Si la relación es de verdad, es honesta, simplemente debemos expresar lo que sentimos sin tratar de convencer a nadie. Dejar claro lo que cada integrante vive o vivió en diferentes sucesos ayuda a comprender lo que ocurre en nuestra relación familiar y que cada quien tiene derecho a elegir cómo vive.

¿No te ha pasado que llegas a la reunión familiar y todo es por encima, nada de profundidad? Platicamos del presente, de la comida, nos reímos de lo que pasó en algún evento o lloramos si es que perdimos a alguien recientemente. Pero ¿qué tal cuando alguien empieza con preguntas más profundas? Las personas evaden o se enojan o dicen que eso ya ni se cuenta, que qué te importa (ja, ja, ja). No estamos acostumbrados a hablar. Claro que hay familias que lo hacen muy lindo, pero me han tocado pocas.

¿De qué te gustaría hablar con tu familia? ¿Qué tema no te has atrevido a abordar? ¿Cuando lo intentas los demás evaden o te cierran el tema?

Aquí explayate, es un lugar seguro. Aunque no esté ahí junto a ti, te acompaño acá. Te aseguro que yo ya estoy haciendo mi lista mientras escribo esto para ti. Así que no repares en decir todo lo que piensas, ya vimos antes la importancia de escribir lo que sientes.

____

____

____

Además, están estas historias que nos hemos contado, como: "De religión, política y futbol no se habla". Por más que lo digan siempre en tu casa, es mentira, hay que debatir, hay que hablar, por eso cuando alguien no está de acuerdo se acaban peleando. Nos enseñaron que se deben evitar temas que confronten. Es muy importante escuchar a los demás, las distintas opiniones; y si alguien cree que pensar diferente es cuestión de pelea, ahí nos damos cuenta de muchas más cosas escondidas en esa reacción. La forma en la que reaccionas habla de lo que te defiendes. Podemos hablar de todo; enseñemos a los más pequeños, a los jóvenes, que no hay temas prohibidos, que está bien si pensamos diferente y que podemos aprender de los argumentos de los demás.

A mí me cuesta mucho trabajo hablar de cosas, pero estoy aprendiendo. A veces provoca distanciamientos con personas que amamos, pero después pasa y si no, recapacitemos... Quizás la otra persona no ha sanado heridas y se vincula diferente a como lo hacemos nosotros, o simplemente todos cambiamos y eso a veces nos hace alejarnos de personas que ya no van al mismo lugar. Busca tu paz.

Hablemos, escuchemos, digamos la verdad sin pena, sin miedo... Perdamos el miedo a ser juzgados, dejando de juzgar. Esa es la única manera de hacerlo.

> **Todos los que queramos saber la verdad, debemos estar listos para escucharla.**
>
> PAULINA GREENHAM

> **Saber todo sobre nuestro pasado nos ayudará a vivir mejor el presente.**

Piñatas

Cuando nacemos, las personas no se aguantan o no nos aguantamos ni una hora para empezar a describir: “Qué linda”, “Qué gordita”, “Está micro”, “Es idéntico a su papá”, “Qué risueña”, “Se ve que va a ser muy inteligente” (ja, ja, ja, ¿cómo se dan cuenta?), “Qué morena”, “Qué blanca”, “Qué guapo”, “Ay, es súper enojón”.

Y conforme vamos creciendo aumenta el nivel de la consigna: “Es muy bueno en los deportes”, “Qué malo es para las ventas”, “Es súper sociable”, “Qué linda cara tiene, ojalá que baje de peso”, “No es tan guapo como su papá, pero...”, “No se le da el amor”, “Es muy mala en la escuela”, “Qué tonto eres”, “Va a ser muy buena mamá”, “Tiene el mismo carácter que mi tía”, “Ojalá te parecieras a tu hermano”.

Piensa en qué frase te dijeron a ti y escríbela. Es solo una idea, anota la que tú recuerdes.

____

____.

Así nos van llenando de etiquetas, nos embarran engrudo y ¡tómala!, estamos acostumbrados a vivir con eso. Y lo malo no es lo que dicen, sino que nos lo creemos. Cuando somos pequeños es normal preferir el vínculo a la autenticidad o reconocimiento de uno mismo, el vínculo nos da seguridad. No nos enseñan a cuestionar lo dicho y empezamos a ser como *piñatas*, hermosas piñatas que crecen con los comentarios ajenos y se hacen todavía más grandes con lo que nosotros nos decimos todos los días. Le pegamos los papelitos para darle forma y vernos como hemos aprendido: la mujer bonita, pero no con tan buen cuerpo, que es muy sociable, que siempre está de buenas, medio insegura, mala para los deportes, pero el alma de la fiesta, muy buena en la escuela, pero no tanto en inglés. Muchas cosas nos van moldeando.

Lo más fuerte de esto es que cuando alguien te dice, por ejemplo, "es que lo que nos gusta de ti es que siempre estás de buenas", y obvio cuando crees que les vas a fallar en eso que piensan de ti, mejor lo reprimes, quieres seguir siendo ese, tener esa cualidad, para que no se vayan. Entonces no te enojas, o sí lo haces aunque no lo demuestras, para que sigan viendo eso que quieren de ti. Pero pregúntame cómo te va después con ese detallito. A la larga todo eso deberá salir de alguna manera.

¿Crees que venimos a algo a este mundo o cuál consideras que es el motivo de nuestra existencia? Espero que sea que tenemos una razón de ser, pero si no es así, espero que podamos ser muy felices y aprovechar todo lo que hay sin sentir tantas frustraciones y culpas, sin tantas comparaciones.

Escuché una entrevista del doctor Fernando Callejón, médico argentino, autor de varios libros, director de la Asociación Argentina de Medicina Psicobiológica, donde dice que "los pacientes psiquiátricos no desarrollan cáncer, el factor determinante, según un estudio realizado en la Universidad de Harvard, es la ausencia de culpa". Qué dato tan impresionante, por eso lo más importante es que podamos ser libres, amarnos y así amar y cambiar el mundo. Suena cursi, pero es cierto.

Si lo que aportamos al mundo es amor y respeto, las cosas cambian, al menos en nosotros y en los más cercanos y... así se expande. Fíjate bien, cuando llegas a hacer un trámite y la señorita está de muy mal humor y tú en lugar de contagiarte empiezas a hablarle bonito, sonríes, agradeces, casi siempre acaban cediendo. Eso hace el amor y nos guste o no, todos estamos conectados. A veces cuesta trabajo no contagiarnos del mal humor, pero es porque dejamos que los demás influyan demasiado en nosotros, aunque no los conozcamos. Les damos fácilmente el poder a otros de cambiar nuestros días, nuestros segundos.

Se han dado cuenta de que la mayoría de las personas pedimos cosas para disfrutar la vida y no notamos que tenemos la vida para disfrutarlo todo. Eso lo escuché hace muchos años y cada día me hace más sentido. Esperamos cosas especiales para que ahora sí podamos ser felices, esperamos que pase algo como: bajar de peso, graduarnos, casarnos, tener hijos, que los hijos se gradúen, se casen, tengan hijos, que los hijos sean lo que nosotros deseamos, tener dinero, tener un mejor trabajo, subir de puesto, comprar casa, viajar, demostrarles a los demás que no somos lo que nos dijeron, aunque en realidad ya nos lo creímos. Pensamos que en cada cosa está la felicidad, pero nada da la felicidad más que nuestra propia decisión de obtenerla.

Todos conocemos a alguien que según nosotros tiene *todo* para ser feliz, es guapa, tiene dinero, le va súper con su trabajo, su novio es un galán, tiene *todo* y aun así es infeliz; o es un hombre exitoso, su familia es hermosa, sus hijos, viaja por el mundo, y es infeliz (ya los caché pensando en ese alguien). Por otro lado, existen esas personas que sonríen con el alma a pesar de no tener lo que nosotros pensamos que es *todo*.

¿Entonces cómo podemos ser felices?, ¿cómo es que solo es mi decisión obtenerla? Dejando de vernos como víctimas, agradeciendo lo que sí tenemos y buscando lo que queremos.

Porque si es alguien o algo el responsable de cómo vivimos, ya valimos. Todos los días habrá algo que nos alejará de la paz y algo que nos acercará a ella, sin embargo, nosotros elegimos si somos los creadores de nuestra vida o si dejamos que los demás sigan manejando nuestras emociones. Si todo lo que somos y sentimos tiene que ver con otra persona o cosa, será casi imposible mantener la vida que queremos.

Hay que estar bien con nosotros mismos y rodearnos de las personas a las que les aportamos y nos aportan. Yo sé que todos los seres humanos son especiales, pero no siempre estamos en el mismo lugar. Cuando tú estás bien contigo, lo de afuera solo será un camino de crecimiento, de compartir, contribuir... Y agárrense porque hacia allá vamos, equiiipooo. (Por cierto, aprovecho para mandar un abrazo al equipo, los quiero.)

Bryan Tracy, un gran orador motivacional, empresario y escritor, me enseñó algo hermoso: "Las personas buscamos convertirnos en seres humanos con experiencias espirituales y la verdad es que somos seres espirituales viviendo una experiencia humana temporal" (no sé si esa frase es suya, pero él se la apropió y de ahí la aprendí). Es duro pero real, eso somos. Nuestra experiencia es solo por un tiempo y nos la perdemos porque le damos importancia a millones de cosas que no tienen nada que ver con lo que nos hace sentir felices. Somos seres divinos viviendo un tiempo en la Tierra, con cuerpo y todo prestado. Seamos divinos.

Regresemos al tema de la **piñata**. Nos convertimos en una piñata cuando nos formamos de las etiquetas que nos han o hemos puesto. Nos moldean los comentarios o las vivencias.

Creo que casi todas las personas que estén leyendo esto comprenden lo que es una piñata y han visto una. Pueden tener figuras hermosas. Es más, cuando somos pequeños, y a veces de grandes, pedimos que la piñata sea de nuestro personaje favorito. Hay grandes, chiquitas. Se usan para celebrar cumpleaños, fiestas patrias, Navidad... En México las usamos para muchas celebraciones y no importa qué tan hermosas se vean o si están mal hechas, la apariencia nos da igual, no importa si se tardaron años en hacerla o si fue de globo y hecha en casa, si es nuestro personaje favorito, como sea, de todas maneras la rompemos a palazos.

Suena loco, ¿verdad? Pero podemos darnos cuenta de que no importa lo de afuera (divina, perfecta, alta, chaparra, flaca, gorda, morena, güera, con o sin brillo, de barro o papel), lo que **todos** queremos es lo que hay dentro de las piñatas, quizás las compramos por la apariencia, pero en realidad queremos **la magia**, y esa no la vemos. Sabemos que está adentro y por eso nos vale lo que sí vemos... La destruimos, vamos por los dulces, por lo de adentro, eso es lo que cuenta.

Nosotros somos pura magia guardada en un mundo de historias, palabras y eventos que nos fueron definiendo, pero no nos fuimos, solamente se escondieron algunas partes o las olvidamos. Hoy te tengo una gran propuesta que nos puede llevar a recuperarnos y vernos de una manera más amorosa, a ver qué te parece: **no hay que sacar la magia a palazos**, ¿te late? (ja, ja, ja). Todas las piñatas tienen un cuadrito por donde metemos los dulces, igual podemos ir hacia nosotros, entrar a lo más profundo y recordar quiénes somos, despacio, empezando a sacar cada dulce para saborearlo y acordarnos de cuáles nos gustan y cuáles no, cuáles metimos nosotros y cuáles son parte de la colación.

Al principio te decía que a veces parece que necesitamos eventos traumáticos para reaccionar, pero ya *basta* de sufrir para vivir mejor. No necesitamos una enfermedad para valorar la vida, una pérdida para estar cerca de los nuestros, un divorcio para bajar de peso e ir a terapia. No necesitamos que alguien se aleje de nosotros para dejar de ser tóxicos o para darnos cuenta de que no podemos seguir juzgando a los demás por lo que nosotros creemos. No necesitamos los palazos para sacar lo mejor de nosotros. Si ya hubo algunos, está bien, ya pasó, pero ahora no dejemos que nada ni nadie rompa a la mala lo que somos, descubramos nosotros la *magia* que llevamos dentro.

Esta analogía me hace pedirte que siempre recuerdes que: **la magia eres tú**, tú eres todo eso que hay dentro de lo que ves, eres una sorpresa tras otra, descúbrete. Haz tu piñata a tu gusto. Ahora pon todas las cosas que te gusta decirte, ver en ti, esas que te reconoces. Pon los colores que tú deseas, llénate por dentro y por fuera de la magia de ser tú. Y si deseas que alguien te ayude a decorar tu piñata, que sea solo porque en verdad te agrada lo que aporta en esta obra de arte.

En la vida hay mucho dolor... Y siempre nos dicen que aprendamos de él, que sin oscuridad no hay luz y que estar triste nos hará valorar la felicidad, pero ya estuvo. ¿Y si ahora aprendemos de la felicidad?

De igual manera viviremos momentos que nos sacudan y aprenderemos, pero pongamos nuestra atención en aquellos que nos hacen la vida más chula. Claro que podemos ser personas felices con momentos difíciles. Sí se puede ser feliz todo el tiempo, y cuando se siente algún dolor, hay que vivirlo, pero manteniendo como base la emoción que deseamos que sea la primaria, es decir, manteniendo las cosas buenas presentes. No quiero ser una optimista en exceso, sin embargo, sí deseo que podamos conservarnos lo mejor posible por el tiempo que estemos aquí.

No se trata de saltar y bailar todo el día, ni de reírnos de cualquier cosa hasta sin motivo, eso no es felicidad. La felicidad es mucho más profunda, viene de la paz, de la congruencia, del reconocimiento de uno mismo.

Veo a muchas personas en redes que dicen que es una tontería que haya pensadores o *coaches*, psicólogos que afirman que la felicidad es para todos y que hay que quererla para tenerla. No es una tontería, es una realidad. Y eso no quiere decir que no nos duelan las cosas, que no nos choque que nos dejen o no nos duela perder a quienes amamos, que no nos afecten muchos acontecimientos del día a día. Claro que no todos estamos en las mismas circunstancias, lo entiendo, pero podemos sumar haciéndonos cargo de nosotros y compartiendo cosas mejores que un enojo eterno porque las cosas no son como queremos. Los que comparten cosas positivas buscan que nos sintamos mejor, buscamos, porque ya hay muchas cosas que se ven y oyen a diario que provocan incertidumbre, miedo, etcétera. Por supuesto que aplaudo a quienes pretenden contribuir a una vida más armoniosa. Además, ser ecléctico tiene varios beneficios, aprender de todo y tomar lo que resuene con nosotros de manera congruente. Hay que resignificar la historia (lo hablaremos más adelante).

Entiendo que siempre nos dicen que gracias a lo que vivimos es que hoy nos hemos convertido en lo que somos, que cada cosa nos forjó, y está bien, cada uno ha hecho lo que ha podido con lo que ha tenido, sin embargo, no es necesario el sufrimiento para crecer y evolucionar.

No creo que deba dejar que mi hija viva los mismos errores que yo para triunfar. No, jamás. No creo que una persona que vivió un accidente o un abuso crea que sus hijos deben pasar por lo mismo para ser fuertes y valiosos. No, para nada. Estoy segura de que podemos enseñarles a los niños y niñas que, desde el reconocimiento, la aceptación, la empatía, el agradecimiento y el amor propio pueden alcanzar sus objetivos y metas más grandes. Tendrán sus dolores, pero ¿por qué creer que solo los golpes de la vida nos forjan? Siempre habrá, pero no hay que atraer más por ignorancia.

Dicen que antes agarraban a chanclazos, cinturonazos, gritos y golpes a los niños cuando no se portaban bien y que no les pasó nada. ¿En serio no pasó nada?, ¿tú crees que estamos frente a una sociedad segura, feliz, que contribuye? Me parece que hay muchas almas fracturadas en el camino.

Veamos a la sociedad que tenemos hoy, a lo mejor eso ayuda para saber si la forma correcta es la violencia. Y no creas que estoy diciendo que debamos ser permisivos, no, los límites son una gran demostración de amor, pero los límites no se imponen a madrazos.

A muchas generaciones nos han enseñado tanto a ser lo que debemos ser según el lugar en el que estemos que, aunque a veces o siempre nos sentimos incómodos, llega un día que nos acostumbramos y empezamos a dejar atrás lo que queríamos, nos nublamos, vivimos como dormidos, y entonces despertar cuesta mucho trabajo. Esto lo dice Paulo Coelho en el *Manual del guerrero de la luz*:

> El guerrero de la luz ahora va despertando de un sueño.
>
> Piensa: "No sé luchar con esta luz, que me hace crecer". La luz sin embargo no desaparece.
>
> El guerrero piensa: "Necesitaré hacer cambios, pero me falta voluntad para ello". La luz continúa porque la voluntad es una palabra llena de trucos.
>
> Entonces los ojos y el corazón del guerrero empiezan a acostumbrarse a la luz. Ya no le asusta y pasa a aceptar su leyenda, aun cuando eso signifique correr riesgos.
>
> El guerrero estuvo dormido mucho tiempo, es natural que se vaya despertando poco a poco.

Claro que sí podemos despertar y cambiar nuestra vida por nuestra gran vida. Conviértete en el tú de tus sueños y no escojas el dolor para crecer, solo elígete y reconócete.

La magia no se ha ido, solo debes entrar a buscarla.

Paulina Greenham

El propósito de tu vida no es estar feliz, es ser feliz.

Esther Hicks

Cuestiónate

Una de mis personas favoritas y grandes maestras es Claudia Franco, además, ella me ha guiado a las mejores meditaciones que me han llevado a sanar de manera profunda y resignificar mi vida. Te amo, Franco. Si no la conoces, te invito a seguirla. Ahí encontrarás varios puntos clave para tu regreso a casa, no te la pierdas: @claudiafranco.mx. Ella me presentó la Semiología de la Vida Cotidiana y junto con esta a su creador y maestro, Alfonso Ruiz Soto.

La Semiología de la Vida Cotidiana es un modelo educativo que busca mejorar la calidad de vida de las personas a través del desarrollo de la conciencia. El doctor Alfonso Ruiz Soto, a través de la semiología, pretende que aprendamos a manejar las emociones y vivamos la sexualidad de forma plena. También tiene como objetivo crear paz interna, entre muchas otras cosas, y nos señala que la raíz de todo mal radica en el desconocimiento de uno mismo.

Gracias a esto, empecé a cuestionarme y a comprender cosas no solo de mí, también de los demás. Comprendí que cada uno de nosotros tiene las más profundas razones para ser quien es y que cada persona ve la vida diferente, es decir, con el significado que cada uno le da. Por ejemplo: hay personas que aman la lluvia porque las hace sentir cómodas, en paz; y hay otras que no la soportan porque bloquea sus planes, no las deja salir, se les enchina el pelo (ja, ja, ja, ja). El punto es que solo *llueve*, esa es la realidad y cada quien elige cómo sentirse con el hecho. Esto me ayudó a ser mucho más amorosa con mis procesos y los ajenos, pero también me llevó a cuestionarme quién soy y para qué, y con las respuestas he podido encontrar una forma mucho más bonita de vivir. He aprendido a hacerme responsable de lo que pasa en mi vida y del significado que le doy a cada cosa.

Una de las historias que cuenta Alfonso Ruiz Soto, palabras más, palabras menos, es la siguiente:

> Un niño está en casa con su mamá, hay una cena muy importante y él quiere ayudarle. Sabe que su mamá hace muchas cosas. Él quiere acompañarla y hacer que el trabajo sea menos pesado.
>
> La mamá pone la mesa divina, mantel blanco reluciente. El niño lleva la jarra de agua a la mesa, y la mamá le empieza a decir que no porque la va a tirar y que no va a poder. Pero él solo quiere demostrarle a su mamá que lo hará perfecto. Y lleva el agua a la mesa y tristemente la tira. Su mamá le grita, se enoja, le dice que arruinó la mesa, que todo su trabajo fue en vano, etcétera.

El niño en ese momento se siente fatal: le falló a su mamá, es un tonto, no sirve para nada, su mamá ya no le cree, tenía razón en que él no podía.

A la hora de la comida todos se sientan a la mesa. Todo está perfecto. Y el compadre tira una copa de vino tinto en la mesa. El hijo se asusta porque sabe que van a regañar al compadre, le van a decir que es un tonto y... ¿qué crees que pasa? Exactamente, la mamá le dice que no pasa nada, que es de buena suerte, que para eso están los manteles.

La cabeza de ese niño estalla y se genera la historia de que lo que él hace está mal, si los demás lo hacen está bien, pero él lo hace mal. Se generan conexiones que pueden llevarlo a creer varias cosas, que no es tan valioso como el compadre, que si ayuda lo hace mal, que los demás "sí" y él "no", y muchas cosas más.

Aquí es cuando comprendemos que a la vida cada uno le da su significado. Por eso es tan importante cuestionarnos de dónde vienen las cosas que creemos y sobre todo de dónde vienen las emociones que se generan cuando las vivimos. ¿Quién puso ahí las creencias que tenemos? ¿En realidad nos hacen bien o solamente son aprendidas y no nos pertenecen?

Por eso te decía que es muy importante resignificar la historia, porque no podemos cambiar el pasado, pero sí el significado que tienen hoy las cosas.

Si tu papá al enojarse te decía "cabrón", cuando alguien te dice esa palabra te puede hacer enojar mucho por el significado que tiene para ti; por el contrario, si tu papá te decía *cabrón* cuando ganabas o hacías algo que le gustaba, el significado será distinto para ti.

Pero hoy podemos ir al momento en que eso pasó y cambiarlo para quitarnos todas esas cargas. Es muy diferente que alguien te moleste a los seis años a que lo haga hoy, aunque si no lo superamos desde la raíz nos seguirá costando trabajo afrontar las cosas del día a día.

Momento de amor
Meditación de resignificación

¿Te gustó? Abrazarse en momentos pasados difíciles nos llena de amor y compasión hacia nosotros mismos. Llegar a ese lugar para cambiar el significado y acompañarnos desde quienes somos hoy, con lo que ya sabemos, nos ayuda a sanar y a quitar el juicio hacia ese pasado que nos dejó huella.

Las creencias se forman de varias maneras, depende del lugar donde nacemos, es decir, son culturales, sociales y religiosas. Si a nuestra abuelita o mamá les encantan los dichos populares, más grabada se queda en la mente esa información y generamos esas conexiones neuronales que nos llevan a creer y confirmar repetidamente que esa es la verdad.

¿Cuántas de estas conoces? "Quien bien te quiere te hará llorar"; "Más vale bueno por conocido que malo por conocer"; "Al lugar que fueres, haz lo que vieres"; "El dinero no se da en los árboles"; "Quien quiere azul celeste que le cueste"; "Calladita te ves más bonita"; "El mismo infierno con diferente diablo". Imagínate lo que esas frases causan en nuestro inconsciente, se quedan grabadas, son durísimas. Muchos dirán que son solo frases, pero no, la repetición y aceptación de estas marca lo que creemos con respecto a diferentes temas.

Y hace un rato decíamos que el inconsciente es buenísimo para guardar; y en el momento menos esperado sacar estas cosas dolorosas e incómodas que ni siquiera sabíamos que teníamos. Lo que crees lo creas. Veamos algunas creencias:

- *Quien bien te quiere te hará llorar*: está clarísimo, si estás llorando con quien te quiere es normal, así es la vida. Pero nadie tendría por qué hacerte llorar.
- *Más vale malo por conocido que bueno por conocer*: confórmate, aunque seas infeliz al menos ya sabes cómo está la cosa. Zona de confort.
- *Al lugar que fueres, haz lo que vieres*: si todos toman pues toma, si comen cosas que no te gustan te aguantas, si escupen tú también. Y entiendo que en lo bueno también, aunque el punto es: *Al lugar que fueres, sé tú*, obviamente con respeto, pero fiel a ti.

- *El dinero no se da en los árboles*: y como esta hay miles de frases que nos hacen pensar que el dinero es muy difícil de obtener, que hay que sudar para ganarlo, que es malo querer más.
- *Quien quiere azul celeste que le cueste*: no se pueden tener las cosas de manera fácil, todo debe ser difícil, duro.

Y así muchas frases más que el inconsciente acepta si no analizamos lo que llega a nosotros y decidimos si creerlo o no, o al menos darle un contexto. Estas pueden afectarnos de maneras muy profundas, es por eso que debemos cuestionarnos y cuestionar lo que somos y creemos.

Cada vez que Karla Lara y yo damos la conferencia **Desaprender**, nos encontramos con muchas personas que no se daban cuenta de lo que cada una de estas creencias estaba haciendo en su vida. Es un tipo de manipulación mental arraigada.

Ese 95% de pensamientos que tenemos de manera automática, inconsciente, hay que cambiarlos. Estemos presentes en nuestra vida, en nuestra mente. La realidad es una percepción por lo aprendido, lo vivido y lo sentido, por eso debemos reconocer que las circunstancias no hacen que nuestra vida sea buena o mala, lo que hace tu vida es el enfoque que le das a esa circunstancia.

Reflexiona bien si lo que piensas está en tu contra o a tu favor. Ahora... ¿qué decides creer?

> **No atraes lo que quieres, atraes lo que crees que es verdad.**
>
> **NEVILLE GODDARD**

Si pides algo y no crees que sea posible, no llegará (ya lo veremos en otro capítulo más adelante).

Perdón

~~~~~~~~~~~~

> Las disculpas no están destinadas a cambiar
> el pasado, están destinadas a cambiar el futuro.
> KEVIN HANCOCK

El perdón es liberador. Aunque pensamos que solo es para quienes perdonamos, la verdad es que es el acto que más nos libera a nosotros mismos. Perdonar no quiere decir que aceptemos lo que pasó, no significa que aprobemos el daño, aunque sí que nos liberamos de esa emoción que tanto nos duele y enferma. El perdón transforma. Perdonar a los demás es importante, pero no hay nada más sanador que perdonarte a ti mismo.

No podemos cambiar el pasado, pero el presente sí, y eso transformará el futuro. Entiendo que hay diferentes circunstancias en la vida y que muchas veces no entendemos por qué pasó lo que pasó o por qué nos lastimaron de maneras que jamás hubiéramos querido. Pero haya pasado lo que haya pasado, el perdón nos ayudará a vivir con más paz, y la paz es lo más cercano a la felicidad.

Cuando estás en una relación donde alguien te maltrata y lo permites, lo disculpas, es más, a veces hasta crees
~~~~~~~~~~~~

que no fue para tanto, que tú exageraste y que de todas maneras te ama, debes revisar qué te falta, por qué permites que alguien te haga daño con tal de no perderlo. Lo justificamos atacándonos a veces a nosotros mismos.

Una amiga, guapa, trabajadora, siempre buscando ser mejor, me decía que le chocaba que su novio la tratara mal, la insultaba con cosas terribles, como: "Eres una pu&%, solamente porque tenía un evento de trabajo y le dejaba de hablar por días. Era terrible verla sufrir por alguien que le hacía daño. ¡Ah!, paréntesis, yo estaba en una relación igual, la relación más tormentosa que he tenido, lloraba casi diario a solas y con algunas amigas en el trabajo. Hoy no puedo creer que lo haya aceptado. Pero muy trucha quería salvar a mi amiga de su mala relación y hasta me enojaba por que estuviera ahí. Moraleja: *Hay que ver la viga en nuestro ojo para ayudar al amigo a quitar la paja del suyo.*

El punto es que platicando con una hermana mía del alma, Luciana, me dijo: "Ok, ellos podrán ser violentos, agresivos, egoístas, groseros, pero ¿tú qué haces ahí? ¿Por qué lo permites?". Me quedé impactada, porque no los insultó, yo quería que me dijera que eran unos mugres patanes o algo, pero su respuesta me hizo reflexionar enormemente.

¿Por qué me quedé llorando a esperarlo? ¿Por qué aguanté sus insultos y su violencia? Yo tenía miedo de que no volviera, y lo peor es que volvía como si nada, y yo seguía ahí para él. ¿Por qué no me había largado? ¿Por qué carajos? Él hacía lo que quería hacer y yo, a final de cuentas, me quedaba porque yo lo decidía, aunque seguro el inconsciente me dictaba qué hacer por lo aprendido en el pasado, y mi alma quería que me diera cuenta, no dejaba de insistir. La pasé muy mal, permití tantas cosas... Me acuerdo y solo quiero ir a abrazarme. Al final me fui fuerte y con la frente en alto porque supe poner un límite.

Hoy lo haría completamente diferente, pero hoy (ja, ja, ja). En ese momento no pude, comprendo que son huellas no sanadas, miedos, pero de igual manera qué ganas de haberlo hecho distinto. Por eso hoy lo cambio desde mi realidad. Te cuento esto, porque a la larga comprendí que me debía muchos perdones: por haberme lastimado hablándome o tratándome mal, por haber permitido que me trataran mal, por haber lastimado a personas, por haber aceptado hacer cosas que no quería solamente por no querer que me dejaran; porque me olvidé de cuidarme.

El día que me senté de frente y me dije a los ojos todas las cosas en las que la había regado, sin juicios (cuesta mucho), al final me abrace con dos mil lágrimas y cara de ya no puedo más, desencajada. Me observé, sentí y pude decirme: "Perdón por todo eso, no tenías las herramientas, no pensaste, no querías, pero no supiste cómo". Entré con todo, me hablé con la verdad de cosas que no quería recordar, pero tenía que hacerlo. Así como dijimos que debemos aprender a hablar con los demás, debemos hablar con nosotros mismos. Me di cuenta de todas las cosas que deseaba no haber hecho, sin embargo, las hice y me perdoné.

Ahí todo empezó a acomodarse, no fue fácil recordar cada cosa, hubo unas que me dejaron cicatrices eternas, pero desinfecté las heridas con el perdón. Primero perdonarme a mí por cada cosa, y segundo perdonar a quienes pudieron lastimarme de una u otra manera. Dejé de ser la víctima y me hice cargo. Créeme que hubo cosas que no quería recordar, me equivoqué mucho, pero me atreví y todo cambió. **Esconderlo no lo hacía desaparecer.**

Yo sé que hay abusos que vienen desde niños, desde la inocencia o la debilidad ante algo o alguien; cosas horrendas que no buscamos o no permitimos, simplemente nos las hicieron o se las hicieron a quienes amamos. Pero por más difícil que parezca, te juro que perdonar te cura a ti de esa cárcel llamada rencor, resentimiento... Ese lugar nos enferma y acaba. Perdonar no significa reconciliarte con el otro ni justificar, simplemente te ayuda a encontrar paz, a no quedarte en ese mismo lugar, te ayuda a tomar acción a favor de ti.

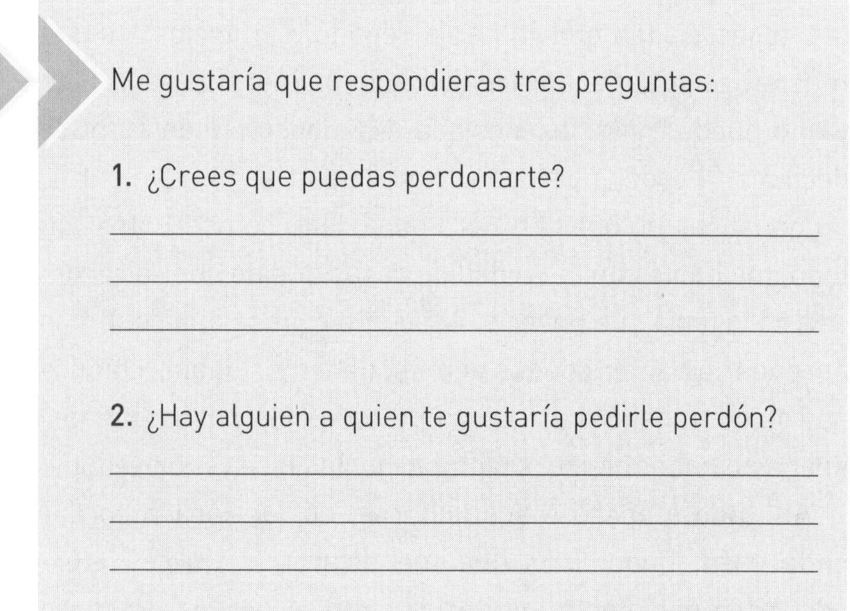

Me gustaría que respondieras tres preguntas:

1. ¿Crees que puedas perdonarte?

____

____

____

2. ¿Hay alguien a quien te gustaría pedirle perdón?

____

____

____

3. ¿Crees que debes perdonar a alguien para sentirte mejor?

____

____

____

Te pedí que lo hicieras para preparar tu camino al perdón con el siguiente ejercicio.

Escanea el QR y hagamos un ejercicio sobre el perdón más real y profundo.

Te recomiendo que lo hagas con calma y que después de hacerlo te tomes tu tiempo para que el alma lo procese y se acomode. Ve con todo, ve con honestidad absoluta, esto te llenará de amor.

Te veo de regreso mañana o al rato, sin prisa. No te ocultes nada. Aquí estaré y te recuerdo que te espero sin juicio y con mucho cariño para abrazarte a través de estas páginas... Ya lo viví y me cambió la vida.

Momento de amor

Hola, ¿cómo estás? Espero que te haya funcionado, recuerda que la conciencia sigue trabajando, un día todo hace clic. Todo se acomoda y va sanando gracias al perdón. Hazlo cuantas veces sea necesario, repite el ejercicio muchas veces.

¿Cómo te sientes?

____

____

____

____

____

____

Algo que aprendí después de todas las cosas que dejé que pasaran fue que ***el límite lo pongo yo y respeto los límites de los demás.***

Hace unos días mi hija, de siete años, Victoria, me comentó que una compañera de la escuela, a la que ella considera su amiga, le estuvo pegando y molestando, y que por más que ella le decía que no, su amiguita lo seguía haciendo y se burlaba de ella. Como mamá, en mi caso, pero seguro como papá es igual, me dieron ganas de ir a decirle a la niñita que eso no se hace, que dejara en paz a Vic o se las vería conmigo. Por supuesto que eso en un principio no ayudaría en nada, y recordé lo que me dijo Luciana y supe que la mejor manera de enseñarle a mi hija es haciéndole saber que ella tiene todo el derecho de decir "basta" y alejarse, y que **nunca** debe aceptar que alguien le haga algo que la incomode o lastime.

Esta plática le dio seguridad, porque así sabe que no está sola, además le da la certeza de que se merece respeto, al igual que todos, y que poner límites también les muestra a los demás cómo nos gusta que nos traten.

Las personas que te quieren te tratan bien.
Querer es cuidar.

Esto debemos saberlo todos... Hay que empezar por tratarnos bien a nosotros mismos, si nos amamos, nos tratamos bonito, es un claro reflejo de habernos perdonado, entonces no hay nada malo que nos merezcamos, ni culpa, no habrá más reclamos y dolor por haber fallado, ahora encontraremos que hay amor, comprensión y agradecimiento. Cuando te perdonas y te respetas, no permites que nadie más lo haga diferente contigo.

Al estar bien con nosotros mismos, comprendiendo y sin justificar que los errores que cometimos fueron por falta de información, miedo, aprendizaje, nos daremos cuenta de que no queríamos que pasaran, que no es nuestra esencia y que de verdad podemos hacerlo diferente... Eso nos hará tener mayor empatía al cuidarnos y al cuidar a los demás. También debemos comprender y empatizar con los otros, no podemos cambiarlos, pero sí podemos transformar nuestros miedos y juicios.

Y a veces simplemente amamos diferente, Karla Lara lo dice en su libro *Tus modelos del amor*: no es que una forma de amar sea mejor que otra, simplemente es distinta y hay tantas formas de amar como personas en el mundo. Hazle caso. No encontramos a la pareja ideal si no somos personas sanas y libres, si no nos sentimos felices con quienes somos.

Perdonar sana,
perdonarte revive.

PAULINA GREENHAM

Perdonar es liberar a un prisionero y descubrir que el prisionero eras tú.

LEWIS B. SMEDES

Sacrificarse o elegir

La palabra "sacrificio" puede tener los siguientes significados:

1. Ofrenda hecha a una divinidad en señal de reconocimiento u obediencia, o para pedir un favor.
2. Esfuerzo, pena, acción o trabajo que una persona se impone a sí misma por conseguir o merecer algo o para beneficiar a alguien

¿Por qué hemos creído que sacrificarse es amar? Por supuesto que es un tema muy arraigado en nuestra cultura..., las mamás y los papás nos sacrificamos por los hijos, si quieres verte bien debes hacer sacrificios, si deseas tener una pareja debes sacrificar cosas de tu vida, si quieres un buen trabajo a lo mejor debes sacrificar tus sueños. Eso es muy duro. Y los sacrificios casi siempre traen consigo a una víctima o una deuda que podrá convertirse en chantaje.

No hay que sacrificar la vida por alguien, sino renunciar a algo específico para ganar algo más grande que nos ofrezca sentido.

Esto es muy diferente... Elijo no comerme una hamburguesa y sí comerme una ensalada porque el beneficio para mí es mayor. Puedo comerme la hamburguesa, yo decido. Elijo no ir a una fiesta porque quiero quedarme con mi hija, eso me da más felicidad. Claro que habrá veces en que te quedes con ganas de cosas, pero siempre que eliges lo que es mejor, te aseguro que te sentirás contento y en paz. Puedes dejar a tus hijos encargados o llevarlos, tú decides, pero si eliges quedarte a cuidarlos, no es un sacrificio porque sabes que eso les hace bien y luego irás a otra fiesta.

Cuando te equivocas en la elección, el alma lo sabe, como lo platicamos hace rato. Y habrá algo en ti que te pida que reflexiones y lo replantees. Ya tú sabrás si haces caso o te quedas ahí. Elijo no comprarme algo porque quiero irme de viaje y prefiero esa experiencia.

Por supuesto que cuando lo que realmente quieres es estar en otro lado y te quedas a fuerza en el que estás, entonces lo ves como sacrificio, ahí no hay elección, es a *hue... rzas* (ja, ja, ja). Y entiendo que hay diferentes circunstancias, pero sería maravilloso eliminar la palabra "sacrificio" porque trae muchas cargas y culpas implícitas.

Las personas que ven el trabajo como sacrificio no están plenas ahí, entonces se vuelve un problema en la vida, en la familia, porque como no estás contento en donde estás, decides cantarles a todos lo que haces por ellos. Chantajeas diciendo que te matas para que tengan todo y que no lo valoran, que estás agotado y que ellos quieren seguir haciendo cosas.

Cuando atribuyes tu infelicidad al hecho de que siempre estás haciendo algo por los demás, siempre acabarás en chantajes. ¿Te suena lo siguiente?: "Deberías tener buenas calificaciones porque yo me mato para que tú estudies"; "Yo que todos los años me parto la espalda cocinando para ustedes y tú decides pasar Navidad con tus suegros"; "Toda la vida trabajé en este negocio para que tú decidas estudiar otra cosa y abandones lo que creé para ustedes"; "Me la paso trabajando para que ustedes tengan todo, lo mínimo que espero es que me atiendan cuando llego"; "Me quedé sola por cuidarlos y ahora ya ni me marcas"; "Sacrifiqué mi vida para que hicieras lo que deseabas y ahora me dejas". Y así, cientos de ejemplos. En familias, parejas, amigos, de mamá a hijos, de hijos a padres, de esposa a esposo... La fórmula que me digas encaja aquí. Pero todos tienen algo en común: ***infelicidad por lo que hacen***.

No dudo que haya decisiones que son duras y que cuestan, lo sé, lo vivo, pero reitero, si es un sacrificio es porque no lo hacías desde el amor, y eso acabará desgastándote a ti y a tus relaciones. Sé que muchas veces creemos que no hay opción, que no encontraremos nada mejor, que tenemos que quedarnos ahí, pero la verdad es que sí hay opciones, solamente hay que trabajar en ellas, hay que confiar en nosotros. Hay que buscar y tomar decisiones que, aunque pueden ser difíciles, nos llevarán a un lugar mucho mejor.

La vida es de valientes. Nos gusta la zona de confort, hay que aceptarlo, ya sea porque el sobre amarillo, el salario, llega cada quincena o cada mes, o porque ya conocemos a nuestra pareja y ***más vale malo por conocido***, o cómo los voy a dejar, qué van a decir, qué van a hacer sin mí si decido irme a trabajar. Mil pretextos para quedarnos en la zona que ya conocemos.

A veces la elección requiere esfuerzo, eso es muy diferente al sacrificio. Esforzarte por lo que deseas vale la pena. Esforzarte por lo que elegiste es muy importante para que entonces logres lo que deseas y te cumplas a ti tu palabra... ***Cúmplete siempre***. Si decides dejar de comer pan por un tiempo, hazlo; si dices que vas a hacer ejercicio, hazlo, no te falles a ti. Cuando lo haces puedes perder tu autoestima, y recuperarla cuesta mucho trabajo. Son cosas que te harán bien y eso lo vale. ***Ten palabra, ese es un superpoder.***

Hay cosas que me han costado mucho trabajo. Por ejemplo: "Este año voy a hacer ejercicio diario, porque quiero verme diferente", pero acaba el año y me sigo preguntado por qué no lo logré. Entonces me doy cuenta de que debo explorar por qué no lo hice, ¿qué me detiene? Ya te conté de mi problemita con el tema del cuerpo (ja, ja), sin embargo, cada día lo hago con más gusto y quiero cumplirme. Ya cambió el para qué lo hago.

A veces creemos que hacemos sacrificios porque en realidad no queremos hacer las cosas. Me explico... Quizás piensas: "Voy a dejar de fumar porque es lo que está bien, mi familia me lo pide", entonces empiezas el camino por estas razones y cuando pasan los días estás de malas, comienzas a fumar a escondidas y luego ya te vale. Esto es porque realmente no quieres dejar de fumar, lo haces por complacer nada más, por tanto, acabarás dejando el plan a un lado. Y si no lo vas a hacer, habla con tu familia y pídeles que dejen de pedírtelo, que sabes que lo hacen por amor, pero que tú ya eres grande y no quieres dejarlo. Sé honesto con ellos, pero principalmente contigo. O haz una lista real de por qué sí quisieras dejarlo.

Lo mismo pasa con bajar de peso, a veces lo hacemos porque es lo que está bien y "nos sacrificamos no comiendo lo que deseamos", hasta que un día claudicas. Se trata de querer hacerlo para ti, por tu salud, porque lo deseas. Muchas veces requerimos ayuda psicológica para lograrlo, pues quizás detrás de algunas de las cosas que no podemos terminar hay heridas no sanadas. O simplemente no se nos da la gana porque no hemos comprendido el beneficio. Yo quiero hacer ejercicio y estar sana porque quiero vivir cien años al menos y bien. No quiero perderme la fortuna de estar aquí aprendiendo y viviendo con las personas que amo. Encontré el motivo que me inspira.

Recuerda que no estamos listos para hacer las cosas que nos dan miedo, y no porque seamos cobardes, la razón está científicamente comprobada, lo hablábamos en el capítulo dedicado a la mente. ***El cerebro está programado para protegernos*** y cuando decidimos cambiar algo en nuestra vida o hacer cosas nuevas, corremos riesgos, y ahí el cerebro nos frena, nos dice miles de cosas que nos asustan y nos hacen procrastinar... El típico: "Sí lo voy a hacer, nada más que pase esto, o que tenga tiempo, o que tenga dinero, o que, o que, o que". Por esto debemos pensar menos y sentir más. No estoy diciendo que nos aventemos a cosas que nos pongan en peligro, pero sí hay que elegir arriesgarnos para lograr el cambio. **Elegir** es el camino.

Elige lo que te haga bien, donde te sientas feliz, elige tu paz, tu bienestar. Y si te equivocas, regresa al lugar, empieza todas las veces que sean necesarias.

No tenemos que explicarle a nadie que estamos comiendo mejor o que dejaremos el pan. A las personas les encanta meterse en la vida de los demás con el típico: "Te lo digo con todo respeto, pero deberías", o qué tal cuando te dicen: "¿No que ya no ibas a comer pan?, ¿no que estás a dieta?" (ja, ja, ja). Cada quien sus procesos. Si vamos a ser parte o dejaremos que alguien lo sea, que sea para sumar, para acompañar a las personas a lograr sus metas, no para señalar ni juzgar.

Cuando sientas que hay sacrificio, cuestiónate, quizás no es el momento o no es lo que en realidad quieres.

Te voy a contar algo: estoy segura de que mis amigas con las que puedo hablar de todo y río a carcajadas estarán diciendo: "Claro que es sacrificio perderme una fiesta con ustedes porque no pude dejar a los niños con nadie". Ya lo hemos hablado (ja, ja) y discutimos y seguimos con lo mismo cada vez, y obviamente entiendo lo que dicen y nos disfrutamos al máximo. (Las amo, FOCUS —así se llama el chat donde estamos todas—). Cada quien tiene el significado que ha aprendido y decide seguir teniéndolo, pero **yo gano** (ja, ja, ja, ja, ja, ja, ja, ja). Las amo, y la verdad, verlas es algo que no quiero perderme, son una gozadera.

Con esto también quiero decir que a veces hay que hacer un poco más de esfuerzo para estar con quienes queremos estar. Es bonito no dejar que la vida pase sin ver a quienes amamos y nos aman. Quizás poner más de nuestra parte para coincidir, dejando una que otra cosa para poder estar ahí.

Invertí un buen rato buscando frases para representar por qué no debemos sacrificarnos, y lo que encontré es que las frases halagan el sacrificio. Ahora comprendo por qué vivimos con esas ideas. Es parecido a escuchar las canciones de José José y comprender por qué creemos que el amor es tan doloroso. Crecimos escuchándolas, no digo que estén bien o mal, solo nos presentan un amor que pesa, que duele y por el que hay que darlo todo, aunque nos parta el alma. Así sucede con la normalización del sacrificio.

Bueno, sé feliz y haz las cosas que te gustan y quieres, porque...

¿Qué crees? Nos vamos a morir y no sabemos cuándo, así que no hay nada mejor que disfrutar el camino.

PAULINA GREENHAM

Contradicción energética

El universo no habla
español, habla energía.

No sé quién dijo esta frase, pero yo se la escuché a Karla Lara, una persona que admiro por su gran pasión por comprender y aprender sobre el comportamiento humano. Una mujer sumamente preparada y generosa, de quien leerás varias veces en este libro. Gracias, Piedrita. Es maravilloso aprender contigo, gracias por estar siempre, partner.

Varios expertos en el tema de la energía, desde Jesucristo, Buda, Joseph Murphy, y muchos otros, hablan de la importancia de sentir para obtener. Hoy estoy segura de que todo tiene que ver con lo que en verdad creo y siento, no con lo que digo.

Aquí te pongo algunos ejemplos:

a) Quisiera tener mucho dinero. Cuando lo tienes, ves una bolsa que te encanta y dices: "No, es una imprudencia gastar en eso, me encanta, la amo, pero hay tanta gente que no tiene dinero, no me la voy a comprar, sería una inconsciencia". Perfecto, el universo siente tu energía de miedo al dinero y te quita lo que te incomoda, y después piensas: "¡Qué tonta! ¿Por qué no me la compré? Me la merecía".

b) Con una pareja: "Me encantaría tener un novio con tales cualidades y que nos amemos y nos acompañemos y riamos, etcétera". Y en una reunión opinas: "Ay, todos son iguales, son lo peor, por eso creo que estoy mejor sola que mal acompañada". Y el universo te lo concede.

No solo es la magia del universo, es que tú acabas transmitiendo eso. Entonces se alejan las cosas que dices querer porque sientes que está mal. Los pensamientos acompañados de sentimientos son los más poderosos.

Una amiga siempre dice que amaría tener una pareja estable, ha salido con mucha gente y nada más no pega. Casualmente el otro día la escuché hablando de otra amiga, decía que le daba flojera que su pareja siempre estuviera con ella y que además no hay nada más lindo que ser libre. Ahí descubrí lo que pasaba, tú también, ¿verdad? O qué tal aquellos que se quejan de no tener dinero y se la pasan criticando a quienes sí lo tienen. "Mugre gente payasa, como nada les cuesta", "Ellos porque no se tienen que levantar temprano, y la señora está buenísima porque tiene quien le haga todo, pues así cualquiera", "Si yo tuviera su dinero me vería así de guapa" (ja, ja, ja). Noooo, así no es. ¿Crees que el dinero hace que las personas no sean buenas o que sean insoportables o que no se lo merecen?

Entonces el dinero no llegará a ti para que no seas esa persona. Concedido. ¿Crees que con el dinero puedes cumplir tus sueños, que puedes ayudar y contribuir a un mundo mejor, que te lo mereces? Concedido.

He leído y escuchado a muchos expertos en neurociencia, inteligencia emocional, metafísica, psicología, programación neurolingüística, científicos, terapeutas. Estos son algunos de ellos: Joe Dispenza, Anamar Orihuela, Valentina Luján, Mel Robbins, Karla Lara, Gregg Braden, Conny Méndez, Jay Shetty, Dolores Cannon, Neville Godard, Jorge Bucay, Alfonso Ruiz Soto, Enric Corbera, Bryan Tracy, doctor David R. Hawkins, Glennon Doyle, Claudia Franco, Elizabeth Gilbert, Joseph Murphy. Todos coinciden en que el cambio no está afuera, está en ti... Si tú sigues pensando negativamente, si no cambias tu actitud, si no te crees merecedor de todo lo mejor, no llegará a ti o si llega no sabrás cómo disfrutarlo. ¿Y cómo hago para cambiar mis pensamientos y mejorar mi vida? **Estar pendiente de lo que piensas es fundamental.**

Estudios científicos nos dicen que tenemos alrededor de 60 000 pensamientos al día, 95% los pensamos de manera automática, solamente 5% los hacemos conscientes, los demás son repetitivos, de rutina, y lo peor es que el 80% son negativos. Y como pensamos inconscientemente seguimos pensando lo mismo día tras día. Es por eso que las cosas no mejoran o cambian. Tenemos que reeducarnos, y reseñarnos a pensar: escuchar lo que nos decimos, qué pensamientos se hacen presentes en el día, para así poder frenarlos y cambiar los resultados de nuestra vida.

A mí me sorprende y emociona que todos los expertos hablan sobre el poder que tenemos de crear. La forma en la que pedimos las cosas es la base para obtenerlas. En la mayoría de los libros que hablan sobre desarrollo humano, neurociencia, fe, espiritualidad, metafísica, incluso los profetas en la Biblia, cuando hablan de la forma de pedir, te demuestran que si dudas no llegará. Por eso hay que confiar totalmente y pedir sintiendo que eso ya es una realidad.

Tuve un momento muy complicado hace unos días. Fui al doctor por un dolor y me hicieron varios análisis, y resulta que salió el antígeno elevado: cáncer. Cuando leí los estudios hice lo peor, me metí a internet a investigar. Nunca lo hagas. Ve con el especialista. Se me doblaron las piernas, me enfermé de la panza, casi me desmayo, fatal. Así que fui con una de las mejores oncólogas de México, la doctora Itzel Vela, y me mandó a hacer más estudios. Fueron días de mucho estrés.

Entonces empecé a estudiar sobre las células y su poder. Nada más y nada menos **tenemos alrededor de treinta billones de células.** Creo que deberíamos saber más sobre ellas, ¿no? Todos nuestros tejidos y órganos están compuestos por células. Si una célula se enferma pueden pasar varias cosas: muerte celular, inflamación, tumores, enfermedades neurodegenerativas. Bueno, me puse a estudiar sobre ellas y me apasioné, como verán. El punto es que mientras escuchaba y leía sobre este tema, me encontré con varios especialistas como Joe Dispenza, Tito Figueroa, Joseph Murphy y muchos más, que afirman que la certeza de estar bien es indiscutible para sanar.

Creyentes o no creyentes afirman que la *fe* es la certeza absoluta de que eso que deseas sucederá. Aunque la mayoría de las veces decimos que tenemos fe, realmente tenemos miedo y nos boicoteamos otra vez. Por ejemplo, pensamos: "Yo sé que voy a sanar", pero a la mera hora en nuestra cabeza aparecen pensamientos como: "¡Qué tontería! Eso no puede pasar porque ya me dijeron que estoy mal", "No voy a poder". O: "Estoy segura de que pagaré mis deudas, vendrán grandes cantidades de dinero que me ayudarán" y después de una hora regresamos a los pensamientos que nos atascan: "¡Qué tontería! ¿De dónde vendrá el dinero? No hay forma de conseguirlo", etcétera.

Conforme usted cambia su manera de pensar, cambia su cuerpo porque su cuerpo es la mente condensada.

Joseph Murphy

Dudamos mucho de nuestro poder y del poder infinito. Es normal sentir miedo, pero si empiezas a pensar diferente, a concentrarte en lo positivo, a confiar, tus células se calman y pueden trabajar mejor, y también empiezas a actuar con certeza de que todo lo bueno llega a ti y tu energía cambia, tus resultados en cualquier cosa cambian. Créeme, no es magia, es lógica. Obviamente hay que ir al doctor y hay cosas que se salen de nuestras manos, pero tener una actitud positiva nos ayuda en los procesos.

Nuestras dudas son traidores que nos hacen perder lo bueno que podríamos ganar por miedo a intentarlo.

Shakespeare

Pondrán la mano sobre los enfermos y estos sanarán.

Marcos 16:18

En todo el proceso de mis análisis trabajé fuertemente en mi fe y mis pensamientos cambiaron. Hoy el resultado es otro en mis estudios y sigo teniendo la certeza de que mucho tuvo que ver mi actitud y trabajo mental, además de todas las personas que oraron y confiaron. Para quienes no sean creyentes, la oración es una meditación llena de fuerza y fe, si no oras ni rezas, medita, y recuerda que el poder que tenemos es infinito. Es primordial que cuando decretes, pidas, medites u ores, lo que decidas hacer, lo sientas. Si no se siente como real, no pasa. Gracias a todos los que pensaron en mí en ese momento, gracias.

Vivimos en automático y olvidamos que somos una creación perfecta. Podemos hacer muchas cosas que no realizamos por dudar de nosotros, de las circunstancias. Lo digo en serio, ya sé que debemos actuar, pero cambia por completo si creemos en lo que somos y hacemos.

La fe inquebrantable es la clave para materializar tus sueños.

Neville Goddard

> **Pero tiene que pedir con fe, sin dudar nada, porque el que duda es como una ola de mar, que el viento lleva de un lado a otro. Quien es así no recibirá nada del Señor, porque hoy piensa una cosa y mañana otra y no es constante en su conducta.**
>
> **Santiago 1:6-8**

> **Pensar en grande es la magia del éxito, el primer paso es creer que puedes tenerlo. Tú eres la historia que te cuentas.**
>
> **Joe Dispenza**

Y así hay cientos de frases. Todos nos dicen que debemos creer que ya es nuestro para obtenerlo. Hay un libro que se titula *No te creas todo lo que piensas*, de Joseph Nguyen, es fantástico, y plantea que el pensamiento es correcto, pero pensar eso trae muchos problemas y desconfianza. ¿Cómo?

Contesta rápido la pregunta que te hago a continuación, lo primero que llegue a tu mente:

¿Cuánto quieres ganar al mes?

$____

Muy bien, qué bueno que quieras ganar tanto. Ahora piensa más en la cifra que acabas de escribir y en el trabajo que tienes y lo que vives. Llegarán pensamientos como: "Va a ser muy difícil, el año está complicado", "Hace años no me suben el sueldo", "Es demasiado dinero, no creo que me lo den", "¿Y si me corren por pedir más?", etcétera. Ahí está el tema, queremos las cosas, pero no creemos que podamos obtenerlas. Por eso es fundamental ser congruentes con nuestros deseos, pensamiento y emociones. Tengamos fe, sí, fe absoluta. No sé si lo resuelva todo o no, pero sí sé que cambia la forma en la que vivimos los procesos. No estoy sugiriendo para nada que tengas fe y no hagas algo más, al contrario, haz lo que tengas que hacer y confía en el resultado.

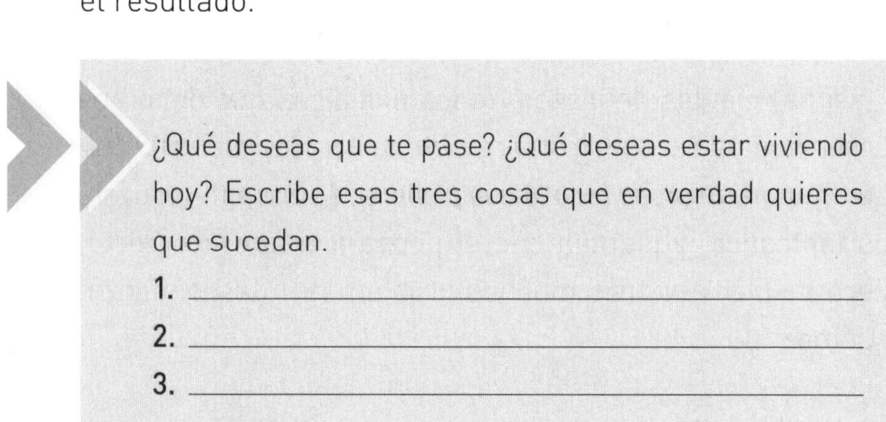

¿Qué deseas que te pase? ¿Qué deseas estar viviendo hoy? Escribe esas tres cosas que en verdad quieres que sucedan.

1. ______________________________
2. ______________________________
3. ______________________________

Empecemos a hacer ejercicios que nos acerquen a obtenerlo:

1. Si quieres dinero, empieza a percibirte como una persona abundante, que tiene oportunidades, que está preparada para obtenerlas, que reconoce que hay

para todos y que merece tener esa vida de sus sueños. Debes dedicarle tiempo a tener esos pensamientos y sentir cómo será esa vida: verte paseando en el coche que quieres, viajando, compartiendo. Huele el dinero y abraza la abundancia. Es bueno tener, no tiene nada de malo querer más, al contrario, hay que desear lo mejor y confiar en que llegará.

2. Si quieres una pareja con quien te sientas feliz y en paz, haz el mismo ejercicio imaginándote de su mano, viajando, hablando. No importa quién sea, solo imagina y siente la felicidad de estar con alguien como siempre soñaste. No es ponerle una cara o un nombre y pensar que esa persona es la que tiene que ser para ti... Ábrete a los caminos y formas que la vida traerá.

No sabemos cómo llegan las oportunidades, no es pedir una casa en específico, es pedir, creer y sentir una casa especial donde todo sea paz. Lo que hay que hacer es imaginar cómo nos sentiremos en ese lugar o con esa persona, lo demás se acomodará. Eso me lo enseñó mi Gina, mi hermana por elección, un alma con la que comparto mucha historia y le aprendo siempre, además de reír en la vida cuando está cerca (te amo), ella me dijo: "Cuando medites no veas con quién o en dónde, ve cómo estarás en ese lugar, qué deseas sentir, cómo deseas vivir. Siéntelo".

Muchas veces nos pasan cosas que no entendemos cómo suceden, cosas que deseas con todo tu corazón tener o hacer, y años después te ves viviendo una situación similar o idéntica a lo que habías querido y que incluso ya habías olvidado. Eso pasa porque la intención con la que lo pedías era de verdad, creías que podía pasar y el universo te lo dio. O si no quieres creer en el universo, tú lo fabricaste de una u otra manera porque se quedó arraigado en ti. Lo atraes. Tu mente es poderosa.

Como cuando decides que quieres comprarte una camioneta blanca de tal marca, nunca la veías o muy pocas veces, y ahora te topas siempre con ella... Atraemos lo que pensamos y somos. Eso se llama ***percepción selectiva***. Como sea, las cosas que creemos que merecemos, que deseamos con todo el ser y confiamos que ya nos pasaron, nos pasarán. Lo creo y me encanta creerlo y... ¿por qué no creer que somos poderosos? O de verdad solo algunas personas pueden lograr lo que desean. Claro que no. Empecemos por sentir que podemos, que somos especiales, que tenemos poder y fuerza y muchas cosas más.

Para algunas personas todo esto es mentira, pues tenemos la cultura de que todo es difícil de alcanzar, que hay que partirse la vida para lograrlo, que solamente es para algunas personas. Es claro que debemos trabajar en lo que queremos, pero si de entrada pensamos que es casi imposible o que no es para nosotros, pues así será. Además, ¿qué tiene de malo pensar que hay para todos y que podemos encontrar la manera hermosa de atraerlo? Nada. Te juro que trabajar en pensamientos y emociones alrededor de lo que deseas de manera positiva te abrirá puertas que jamás imaginaste. No te quedes con las ganas. ***Así que ¡levante la mano quien cree que tiene el poder de crear una vida mejor!***

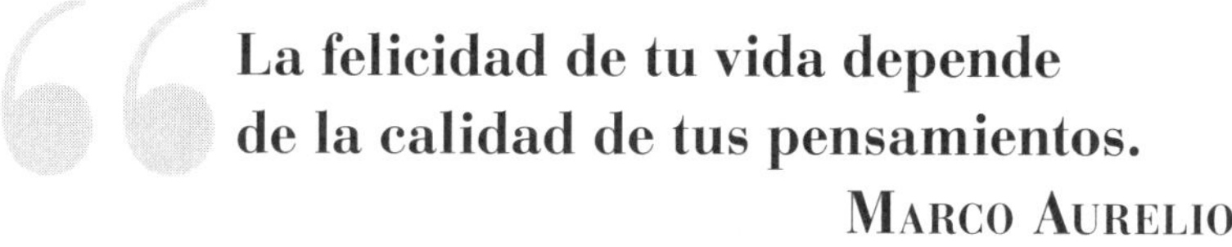

La felicidad de tu vida depende de la calidad de tus pensamientos.

MARCO AURELIO

Maestros de vida

Deja que cada persona que se relacione contigo sea tu maestro, no existe nadie en esta vida que no tenga algo que enseñarte.
CHRISTEL MARTÍNEZ

Son todas las personas que nos rodean, pero hay algunas que nos impactan de manera contundente. Padres, hermanos, hijos, abuelos, amigos, maestros, jefes, compañeros o un simple desconocido.

Una vez mi hija Victoria, a los cinco años, me acompañó a comprarme ropa para un evento muy especial. Una de esas cosas que jamás creí que me podría pasar, me invitaron a ser parte de la transmisión de los Juegos Olímpicos de Tokio en *Los protagonistas* de TV Azteca. Estaba feliz, no me lo creía, a pesar de haberlo pedido siempre. Llegó cuando menos lo esperaba. Trabajar con ese gran equipo de profesionales y maravillosas personas era un sueño y se me estaba cumpliendo. Nos pidieron ir de blanco para tomarnos las fotos, así que elegí comprarme algo nuevo. En la tienda me probé un traje sastre hermoso, y salí para que mi hija me viera, y ella me dijo: "Guau, mami, estás hermosa". Pero a pesar de lo que mi hija acababa de decirme, yo sentí que no me veía tan artista de televisión, ja, ja, además, pensé que era muy caro y que para qué gastaba tanto, que igual no me veía como les gustaría a los otros que me viera. Al salir del probador dije: "No me lo voy a comprar porque está caro y pues no se me ve tan bien". Victoria, muy clara y segura, como siempre ha sido, me dijo: "Ve por ese traje y cómpratelo, mami, este es tu sueño y lo mereces. ¿A poco es caro para tu sueño? Además, ya te dije que te ves hermosa". Eso fue a los cinco años. Es la muestra perfecta de que los niños no tienen todas esas ideas en la cabeza que hemos ido aprendiendo, no tienen armaduras tan pesadas, ellos saben que se puede.

Obviamente fue un mazo en la cabeza, yo estaba desconfiando de mí y mostrándole a ese ser hermoso que no creía merecer algo así. ¿Por qué no merecería un traje blanco, divino y costoso? Además, si ya me había merecido la fortuna de tener a mi hija, y Dios me regaló el privilegio de ser su mamá, ¿yo pienso que no me merezco eso? ***Nos merecemos lo mejor***, estamos vivos. No podemos seguir creyendo que somos merecedores de poquito, vamos a construirnos de nuevo con estos pensamientos y fortalezas.

Aprendí mucho en ese momento. Por supuesto, lo compré y salí dispuesta a disfrutar cada segundo de esa experiencia, a valorarme sin compararme, a aprovechar y darlo todo con el corazón. No dejaría otra experiencia a medio disfrutar solo por permitirle a mi cabeza ir a lugares que me hacen daño, que me hacen sentir menos porque no me lo merezco.

¿Cuántas veces te ha pasado que arruinas un momento por sentir que no te ves bien o que no tienes el mismo dinero, cuerpo o relación que los otros? O porque te peleaste con alguien y pasas un día fatal, o porque tu amiga no te invitó a un plan y entonces te sientes mal.

En ocasiones nos arruinamos los días porque algo no salió como queríamos o porque nuestra pareja se molestó con nosotros, y entonces a cosas que pudieron ser fantásticas no les dimos la importancia por perdernos en pensamientos de baja vibración. Así que, si pedimos cosas o nos pasan cosas lindas, disfrutemos. No las arruines porque alguien no está de acuerdo o porque sucedió una nimiedad.

No importa si nos tachan de súper positivos, no digo que sea un optimismo falso, pero sí una positividad que aporte, es mejor intentar siempre que la vida sea linda, pues se va volando. No hay que seguir perdiendo la energía y la vida en cosas tan pi... banales. Vivir para afuera hará que nos *grafiteen*, lo importante de las casas está adentro.

Minimizamos lo que somos y no vemos las enormes oportunidades que nos dan y los regalos de todos los días, por eso hay que estar alertas a lo que pase a nuestro alrededor, aprender de los maestros que el camino nos pone a diario.

Tuve la oportunidad de conocer Europa mientras tenía un novio aquí en México. Ese viaje era mi sueño, así es que me fui. Ambos éramos celosos, así que gran parte de mi tiempo allá me la pasé hablándole, arreglando problemas y queriendo casi casi regresar ya para que se acabaran esas discusiones. Sí disfruté mucho mi viaje y conocí lugares increíbles, pero gran parte del tiempo sentía preocupación y necesidad de avisarle todo lo que hacía para que se sintiera en paz. No podemos dejar que las heridas no sanadas limiten nuestra historia, aunque es obvio que lo permitimos porque nosotros no hemos sanado del todo. Él también fue un gran maestro, me di cuenta de las cosas que no podemos permitirnos, de las equivocaciones que debemos reconocer y solucionar para enderezar el rumbo a tiempo. Gracias por todo, porque aprendimos y nos divertimos.

Regresando a Victoria, mi hija, ella me enseña todos los días cosas que me regresan al centro, a casa. Los niños tienen una forma perfecta de enseñar, desde la inocencia, y nos ayudan a recordar los secretos de la vida feliz. Todavía no hemos llenado su tanque con aprendizajes absurdos y de juicio, por eso hay que cuidar tanto nuestros comportamientos frente a ellos, para seguir construyendo personas sanas, o lo más sanas que se pueda (ja, ja), porque siempre habrá madrazos.

Observa el enorme aprendizaje en cada persona, aunque no te guste lo que hagan o cómo son, analiza bien qué te están mostrando y aprende, reconoce en ti lo mejor de ese momento o experiencia por más difícil que parezca. Hay que estar dispuestos a escuchar a los demás, a ver de verdad, para aprender y reconocer el mensaje que tienen para nosotros.

Haz una lista de todas las personas a las que les has aprendido algo. Sé que son muchísimas, pero si te llegan a la mente no pares, todas las que lleguen, no hay prisa. Es más, dejemos esta hoja para que reconozcas a todas esas personas. Escribe sus nombres en grande, con colores, como quieras.

Muchas veces el regalo viene envuelto de una forma horrible. Quizás alguna persona nos trata feo o hace cosas que nos disgustan o incomodan, y ahí el regalo es aprender lo que no queremos hacer o tener en la vida y saber que el o la otra no son responsables de lo que sentimos, que debemos observar y poner límites. Hay que empezar a pedir aprendizajes bonitos, no con puro guamazo, porque luego uno se acostumbra y acepta cada maestro que "no, por favor" (ja, ja, ja). También al ver a los demás o por experiencias que vivimos aprendemos a reaccionar diferente. Son pequeñas pruebas de la vida para ver si ya estamos pendientes de nosotros, si ya sanamos, y si no es así debemos seguir haciendo cosas para sentirnos mejor.

"La verdad prefiero ver todo como una oportunidad y no como un obstáculo", esto me lo dijo otra maestra de vida, Saskia Niño de Rivera, y lo hice mío. Me pareció la mejor manera de empezar a lograr lo que quieres.

Las personas que nos desesperan o no nos caen bien son espejo de algo que es importante que miremos, y también las que nos atraen y en las que vemos cosas increíbles seguramente nos están mostrando cómo somos nosotros y nos invitan a reconocerlo. Y es lindo ver nuestras cosas bonitas, saber que el otro nos las muestra, pero también hay que mirar lo que no queremos. Eso sí, no hay que estarnos presionando y estresando por lo que vemos mal en nosotros, solo hay que trabajarlo. Celebremos nuestras virtudes y cualidades. Déjate sorprender, busca personas que te dejen algo, lee mucho, aunque sea por pedazos.

Ahí se encuentran las enseñanzas que necesitamos. Gracias a todos mis maestros y maestras de vida, soy muy afortunada, en verdad, y quisiera nombrar a todos: familia, amigos, pareja, jefes, compañeros de trabajo, etcétera. Gracias.

Les voy a contar que antes quería tener fiestas enormes, aunque la gente que fuera ni me quisiera tanto, porque estaba padre sentirse popular. Fue una época y está bien, pero hoy estoy tan agradecida y me siento tan afortunada de ver a todas esas personas con las que me siento amada... Todas saben todo de mí, no hay secretos, y ahí están amándome y acompañándome siempre, precisamente por ser quien soy. Los que no lo hacen ya no están o se alejan poco a poco. Sigo disfrutando las fiestas grandes, pero a veces y por las razones correctas, no para sentirme amada, sino para compartir con quienes me aman y amo.

Créete esto: cuando te permites aprender algo de cada persona puedes sumar millones de aprendizajes e historias a tu conciencia, esta se expande... Es como leer, pero escuchando a los demás, cada persona es un audiolibro, entonces en lugar de tener una mente cerrada, esta busca información en todo lo que has recolectado y así obtiene mejores resultados y respuestas para tu vida porque vienen de muchas posibilidades. Escucha a las personas con las que no estás de acuerdo; si buscas personas que piensen idéntico a ti, tu criterio será muy limitado. Hay que conocer diferentes puntos de vista, aprender que no estaremos siempre de acuerdo, pero que podemos escuchar. Nuestra verdad no es la verdad de todos, y podemos ir cambiando y generando mejores espacios de conversación y aprendizaje.

Yo llevo más de veinte años en los medios de comunicación, he entrevistado aproximadamente a 40 000 personas, especialistas de la salud, deportistas, artistas, empresarios, políticos, comediantes, historiadores, chefs, emprendedores, de todo, y pienso que escucharlos es como seguir en la universidad, es una fortuna para mí poder aprenderles, todos me han dejado algo y estoy muy agradecida.

Si tienes hermanos, hermanas, presta mucha atención. Ahí hay mucho que aprender. ¿Te ha pasado que hermanos hablan de la misma persona de una manera completamente distinta o son el agua y el aceite?, ¿cómo puede ser? Ahí está el significado del ser para cada uno. Con mi hermano, aunque crecimos en la misma casa con los mismos padres, los mismos acontecimientos, veo que cada uno vivió su historia. Me tardé mucho en darme cuenta de eso, pero es un gran maestro en mi vida.

Observar que cada uno tiene su visión y forma de afrontar y ver las cosas me hace reconocer la infinita posibilidad de emociones y efectos que provoca la misma situación en distintas personas. Te amo, Gallo, (F), amo tus procesos y agradezco la complicidad que se ha formado desde el día en que nací. Gracias por elegirme hoy como tu hermana. Siempre aprendo y procuro no juzgar. Por cierto, síganlo para que vean todas las cosas que hace para vencer el miedo y lograr sus sueños: @gallogreen.

Y si no tienes hermanos, observa cómo tus papás al contar la misma historia sobre ti dicen cosas completamente diferentes, hasta discuten a veces (ja, ja): "El primer día que fuiste a la escuela que yo te llevé...", "Tú no lo llevaste, fuimos los dos, acuérdate que estaba saliendo al coche cuando de repente...", "No, eso fue otro día...", y así es. Cada ser nos enseña la infinita posibilidad de interpretación que tienen los eventos. Además, lo que es importante para uno no lo es para el otro, así es la memoria, es selectiva. Por eso permítete escuchar las versiones de los demás y no creer que la tuya es la única relevante. Se vale no estar de acuerdo, pero la intransigencia ya pasó de moda.

Facundo, otro gran amigo mío y de Victoria, le dice siempre: "Vi, aprende siempre, aprende cosas de todo, aunque no te guste, inténtalo. Entre más sabes, más feliz eres y más sabia te vuelves. No dejes nunca de intentarlo. Un día te va a gustar lo que descubriste de ti aprendiendo algo, te haya gustado o no. Pero si no te atreves a intentarlo no lo sabrás". Sabio el güerejo.

Podría contar muchos ejemplos de personas que a diario me regalan algo y me dejan algo increíble, pero haría un libro sobre eso. Lo que sí te aseguro es que siempre trato de decirles en persona lo importante que es para mí tenerlos. Digamos lo que sentimos, hagámosles ver a los demás lo que dejan en nosotros, es lindo. Hasta en las mismas redes podemos encontrar personas maravillosas que comparten conocimientos valiosísimos o momentos conmovedores que nos hacen reflexionar. Lo importante es estar atento a lo que ves, a lo que escuchas, y estar dispuesto a aprender. En mis sesiones de *coaching*, en mis conferencias, lo que todas esas personas me comparten me ha hecho crecer profundamente.

Claudia Franco, de quien les hablé antes, tiene cursos maravillosos de comunicación efectiva y dice que lo más importante es tener una escucha activa sin engancharnos. La verdad, suena difícil, pero para lograrlo nos explica que lo primero que hay que hacer es eliminar el juicio. Sé que a veces no suena fácil, pero de verdad sí se puede. Si no eliminamos la actitud de querer tener la razón o escuchar a fuerza lo que nosotros pensamos que debe ser, nada de eso acabará bien. Escucha, aprende.

Hagamos este ejercicio:

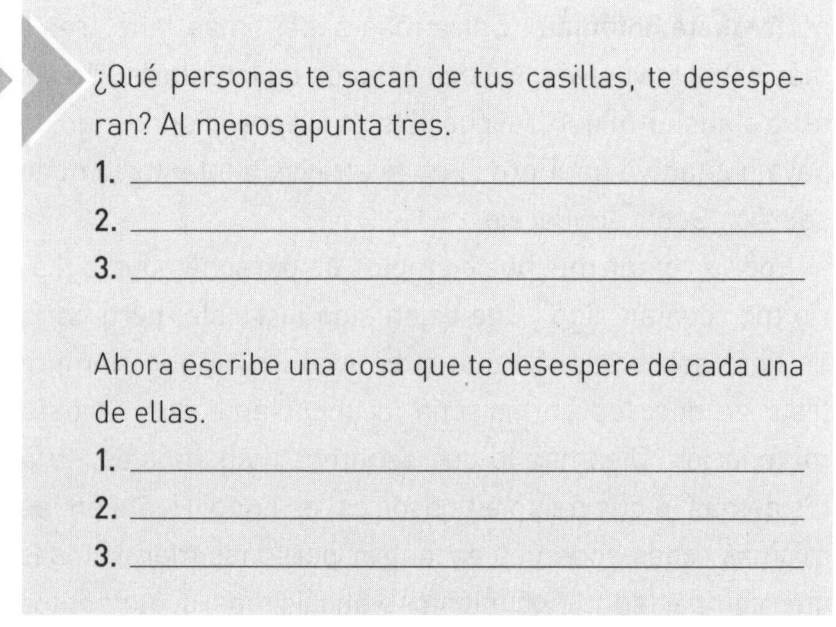

¿Qué personas te sacan de tus casillas, te desesperan? Al menos apunta tres.

1. ______________________________
2. ______________________________
3. ______________________________

Ahora escribe una cosa que te desespere de cada una de ellas.

1. ______________________________
2. ______________________________
3. ______________________________

Y si analizas el por qué y te das cuenta de que tiene que ver con algo vivido o que te incomoda porque te hace sentir mal o menos valioso, quizás puedas comprender que no es él o ella sino tus aprendizajes. A veces simplemente puede ser que te desespere que sea lento, ¿qué más te da que lo sea? Puede ser que en tu casa la impuntualidad era muy común o te enseñaron que eso era pésimo, o simplemente crees que correr y estar apresurado todo el día te hace más productivo. Busca tus porqués y te aseguro que cambiarán tus formas. No significa que nada nos vaya a molestar, claro está, pero sí que podemos calmarnos un buen.

A mí me choca que me hagan caras cuando hablo, todavía no sé de dónde viene, pero lo estoy buscando. Ya te contaré en el próximo libro (ja, ja, ja, ja, ja, ja).

Encontremos en la vida, cada día, en nuestra casa, en la oficina, en lugares como las redes o en la tecnología, una herramienta para acercarnos a maestros de vida. Gracias a todas y a todos los que me acompañan a crecer, a veces sin darse cuenta.

Todo ser que conozco es superior a mí en un sentido y en ese sentido aprendo de él.

EMERSON

Crisis: salida fácil, pero dura (botones de fuga)

El sufrimiento empieza y termina en la cabeza.
JOSEPH NGUYEN

Alcohol, drogas, exceso de trabajo, relaciones tóxicas, sexo descontrolado, ejercicio sin parar, cualquier cosa excesiva es una salida y una fuga de la realidad. Unos pueden sonar más dañinos que otros, pero la verdad es que lo que está desacomodado aquí es que tú tengas que buscar alguna salida para no sentir eso que quizás ni cuenta te das que te incomoda tanto. Lo escondes.

Como te he contado a lo largo del libro, me he hecho daño muchas veces, de muchas formas, y me lastimé. Un día, cuando pensaba que todo estaba casi controlado, volví a hacerlo, algo detonó en mí. Ese día mis emociones no ayudaron y saqué cosas que no me di cuenta de que había tapado como pude, y por supuesto que el corcho que les puse a esos sentimientos no aguantó más y literal, como tapón, salió disparado.

Me hice daño, choqué, dije cosas horribles, me pude haber lastimado y... ¿Sabes qué es lo peor? Que ni siquiera me hubiera enterado porque todo fue en un segundo. Mi enojo estaba sacando las cosas reprimidas de mi corazón, y el mayor dolor al despertar fue creer que no me amaba y que no agradecía todo lo que tengo. Eso me tiró, me dolió, me sacudió, dije: "¿Cómo es posible que he trabajado tanto en mí, que veo y tengo cosas hermosas, y me trate así?". Fue un punto de quiebre: tenía pena, dolor, tristeza, enojo.

Pensaba: "No me amo, alguien que se ama no se hace eso ni a las personas que ama, si me hubiera pasado algo grave hubiera generado un dolor profundo. ¿Qué me pasa?". Además, dije cosas que nunca hubiera querido decir, lamenté tanto todo eso. Qué bendición que pude pedir perdón. Gracias.

Edali, mi veci, cuando me vio, me abrazó y me dijo que era una crisis normal. Bueno, no sé qué tan normal, pero crisis sí. Me sugirió que fuera a ver a Eva, su terapeuta. Gracias, Veci, por ser alguien que no juzga y acompaña.

Así que fui con Eva y fue maravilloso. Yo me sentía menos valiosa que un gremlin, un ente que no merecía nada. Lloré, hablé, la escuché, y me dijo: "Si no te amaras no estarías aquí, pero no hoy, desde hace mucho tiempo". Mi alma reconoció y aceptó lo que me dijo y sentí paz, me di cuenta de que todos los días me rescato.

Aprendí que una crisis no te define, que no dejé de ser buena mamá, hija, pareja, y todo lo que se pueda ser. Simplemente cargamos cada día nuestro ser de millones de momentos que no sacamos, que no hablamos, así que se acumulan y al salir, como los temblores, sacuden y destruyen. Por eso, si no dejamos salir a tiempo las cosas, los resultados pueden ser terribles. Llevamos años ocultando sentimientos, pensamos que ya pasó y muchas veces no es así.

Eva me dijo: "Todos los días haces algo para que tu hija sepa lo mucho que la amas y lo increíble que ella es, todos los días buscas ser mejor, no te juzgues así. No creas que un momento te hace mala, pero sí debes atender las causas para que nada de lo que pase te haga arrepentirte para siempre". Mi vida cambió por completo, soy una antes y después de ese momento.

Las crisis no son un problema si las atendemos, ellas nos llevan a lugares olvidados que están afectándonos. Quizás un día es un enojo, pero otro día puede ser una enfermedad o una adicción o un impulso que conlleve consecuencias fatales. Para escapar de lo que sentimos es fácil utilizar los famosos botones de huida, pero **evadir no sana la causa**. Tal vez algunos efectos sean diferentes, pero si no vamos a la raíz, volveremos al dolor emocional, que al igual que el físico, como decía de la herida al principio del libro, no sana si no hacemos algo. Lo mismo pasa con el dolor emocional y un día cualquier cosa que nos remonte a ese lugar nos hace estallar o colapsar.

Cuando nos equivocamos, lo hermoso será reconocerlo, pedir disculpas y perdón a quien se deba... Probablemente habrá consecuencias, pero vivirlas con compasión y respeto es fundamental. No hay que acumular deudas por cada error, más bien debemos afrontarlo aunque nos cueste y reconocer que algo detonó en nosotros esa reacción, sin darle vueltas vayamos al grano. **Es mucho más**

pinche vivir infeliz y con miedo que pasar ese momento oscuro y atravesarlo con dignidad para volver a la luz.

Claro que hay días en que viene la ola gigante, y por consejo de mi terapeuta me siento en la arena a mirar y decido si me quedaré ahí solamente observando, si me clavo en la ola y la paso o me aviento a que me revuelque. Yo escribo mi historia. Ahora, cuando siento que algo hierve dentro de mí, respiro y recuerdo que yo no soy ese pensamiento, que no me gusta pelear, que no voy a lastimarme ni lastimar a nadie, que esa era una reacción antigua, cuando no tenía herramientas, y que hoy puedo y quiero hacerlo diferente. Somos lo que creemos que somos, debemos honrarnos y ser capaces de hacernos responsables de nosotros mismos. Hoy ya no dejo que Paulinita haga el berrinche, ahora la abrazo y le explico y salimos juntas adelante.

La crisis me revolcó tan duro que al salir me di cuenta de que había dejado el traje en el mar, salí desnuda y tuve que verme para saber quién era y quién quiero ser. Puedo, puedes ser **todo** lo que deseas, porque somos el **todo** y ahí están todas las posibilidades, toma las que quieras y vive como quieras. **Trátate bonito. Celébrate.** Debemos decirnos cosas bonitas, celebrar lo que hacemos todos los días.

Quizás parezcan cosas insignificantes, pero no es cierto, pararse todos los días a hacer lo mejor que podemos, ser mejores personas, pareja si es que tenemos, hijos, amigos, padres si los somos, profesionistas, ciudadanos, etcétera, es un trabajal. Sería más fácil tirarte en la cama y esperar que la vida pase, y a veces se antoja, ¿a poco no?

Pero no, aquí estamos leyendo un libro para ver en qué nos ayuda para sentirnos mejor, tener más ganas, ser más felices, seguimos dándolo todo para honrar la vida.

Seguimos contestando los *whats* de la escuela, de los vecinos, de la familia, la tía que manda a Piolín lleno de flores, sonriendo al que nos atiende, diciendo gracias y por favor. Somos una gozadera de ganas, carajo. Celebra todo lo que haces cada día para estar mejor y por los demás.

¿Qué te cuesta mucho trabajo hacer y aun así lo haces por amor a ti o a alguien más?

____

____

____

____

____

____

____

Y si luego, además de todo lo que hay que hacer, nos tratamos mal a nosotros mismos, nos exigimos mucho, a veces ni un respiro nos damos... Ahí sí ya nos la volamos, paremos y veamos todo lo que sí hacemos.

Te voy a contar, pues ya estamos en confianza: a mí siempre me ha pasado que admiro a muchas personas, principalmente a mujeres, porque las veo como un ejemplo o como la imagen de lo que desearía ser. Después de que nació Victoria yo empecé a valorar más mi cuerpo, cómo que lo había tratado mal, y ahí le agradecí muchísimo todo lo que hacía para que mi hija creciera de manera perfecta. Lo amé porque vi lo que podía hacer, es una divinidad. Lo malo es que luego ya se me pasó un poco y a veces no lo valoro tanto, pero sigo sin rendirme.

Entonces, cuando llegó la pandemia, al estar tanto tiempo en casa y pensando tanta cosa, ya sabes, remodelando todo como podía, me di cuenta de que no tenía un espejo grande, de cuerpo entero, y recapitulé y me percaté de que no lo había tenido nunca. Claro, porque no me gusta verme, porque siempre me pongo peros. Decidí comprar uno porque mi hija también tiene derecho de crecer admirando quién es y yo aprender a hacerlo.

Empecé a verme, a buscar cosas que sí me gustaran, recordé que me había tratado mal, en algún momento para enflacar tomaba muchas pastillas, comía fatal, todo para bajar de peso, y lo peor era que ni haciéndolo sentía que me veía delgada. Lo importante es que buscaba salidas fáciles, botones de fuga para verme "bien" y que los demás lo notaran. Se me había olvidado que me puedo ver siempre con amor; reitero que el peso, el físico, el dinero, nada nos define, solo la percepción que tenemos de nosotros mismos. Cuando adelgazaba decía que era la forma del espejo, no mi cuerpo, porque en algunas tiendas cambian los espejos para que te veas mejor, y tengo clavado en la mente que seguro en todos los que yo me veo pasa lo mismo, qué locura. Es mi mente que seguía con una distorsión por los años que llevaba diciéndome eso o viéndome de maneras que no me gustan. Pero ahora ya tengo mi espejo enorme siempre y sé que no tiene truco y que lo que veo es lo que soy, cambió no solo mi cuerpo, sino la forma en la que lo veo.

Te cuento esto porque cada uno sabe en qué se trata peor, nos atormentamos mucho con el debería ser o no soy y no podré. Cada persona sabe qué ve en el espejo y cuál es su chueco mental. Tenemos que aprender a vernos con amor y respeto. Vuelvo a lo mismo porque sé lo difícil que es mantener o construir una autoestima sana que se basa en el autoconcepto que tenemos de nosotros mismos. Ya llegó el momento de abrazarnos, de reconocer todo lo que hacemos.

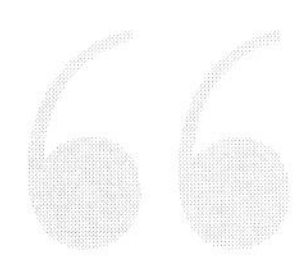

Nadie te puede hacer sentir inferior sin tu consentimiento.

Eleonor Roosevelt

Dejar la modestia aparte nos ayudará a ver y reconocer nuestras cualidades. Ya platicamos sobre la importancia de perdonarnos, ya leímos del poder de nuestra alma y más cuando trabaja en conjunto con la mente y el cuerpo. Veamos lo grandes que somos. Sé que nos han inculcado que hablar de las cualidades es presumir y no ser humilde, pero no es verdad, reconocer nuestras virtudes nos dejará también reconocer las virtudes en los demás y sentir gratitud... Y por si no lo sabes, **la gratitud y el amor** son emociones realmente poderosas, vibran muy alto. Ahí queremos estar para vivir sanos y felices.

Muchas veces vivimos enojados porque sabemos lo que somos y lo mucho que nos hemos limitado por creer cosas que no eran verdad o por encajar. Por haber dejado pasar oportunidades o desperdiciar el tiempo. Recuerda que el enojo nos hace saber qué límite dejamos que traspasaran y que debemos ponernos atención. Cuando algo nos incomoda, vayamos a ese lugar, no dejemos de descubrir el porqué, solamente así podremos cambiarlo. No esperes resultados distintos si haces las mismas dinámicas.

Si alguien no te contesta el teléfono y tú te enojas cada vez que eso pasa y marcas veinte veces más y siguen sin contestar, tu enojo y frustración crecen porque estás pensando miles de cosas que tu mente está creando. Si un día, cuando alguien no te contesta, decides hacer tus cosas, saber que tu felicidad no depende de alguien más, respiras, y si tu mente te lleva a otro lado la regresas a un pensamiento presente sin alucinar y pensar cosas horrendas, tal vez tu enojo de regalar el día a algo o a alguien que quizás no te cuida, o a inventarte cosas que no suceden, vaya disminuyendo y empieces a valorarte mucho más y a cuidar tus emociones.

Yo no creía que las personas quisieran estar siempre conmigo, me sentía insegura de entrar a algún lado, quizás lo disimulaba, pero sentía nervio. Hoy creo que está padrísimo tenerme cerca, para muchos estará mal que lo diga. Pero es que no reconocemos lo bueno que tenemos, minimizamos las cualidades, los logros, el trabajo, y nos achicamos para que no crean que presumimos. Si tú le dices a alguien: "Qué linda blusa", casi siempre contesta: "Ay, es súper vieja y me salió regalada", ¿y eso qué tiene que ver? Y si le dices de una bolsa muy cara que está padrísima, no te responde: "Ay, sí, es nueva, me costó carísima y me encanta", ¿por qué no? Porque cuando alguien dice algo así pensamos que es insoportable. Si una persona llega y te gana en un juego y expresa que es buenísima jugadora, creemos que es presumida, pero si te comenta que es pésima, que fue un churro, te cae mejor por sencilla, aunque no sea cierto.

Es un mundo al revés. Deseamos que la autoestima esté en el suelo o que la gente no vea sus cualidades porque eso las acerca a la humildad. Cada cosa como es, debemos aprender a dar las gracias cuando alguien nos hace un cumplido y a reconocer lo que hacemos bien. Eso no significa sentirse superior al otro, significa saber quién eres y no pensar que el éxito se debe a un golpe de suerte.

Somos como lagartijas, nos cortan la cola y nos vuelve a crecer... Ahí vamos pensando que ya no podremos más y lo logramos. Entonces créelo, te mereces lo mejor, venimos a esta vida a sacar lo mejor de todo. A veces duele, a veces no duele, pero no creemos que la felicidad se pueda tener siempre, no nos sentimos merecedores de muchas cosas.

Alguna de las veces que pude entrevistar a Gaby Vargas, empresaria, escritora de puro *bestseller*, activista, una mujer premiada en distintos países, una mujer admirable, le pregunté: "¿Alguna vez pensaste que te merecías esos premios?". Y me respondió: "¿Y por qué no me los merecería? Nunca he pensado si me los merezco o no, yo hago lo mejor con el corazón y las recompensas están ahí". Me encantó. ¿Por qué no nos lo mereceríamos?

Cuando en realidad eliminamos de nuestro ser el enojo arraigado, el dolor o la tristeza, se siente raro, queda un hueco que llenaban estas emociones. Al principio, aunque nos sentimos muy ligeros, no sabemos qué hacer, pero conforme decidimos ver la vida desde otro punto de vista, ese hueco se convierte en paz. Las emociones de frecuencia baja, como miedo, enojo, tristeza, frustración, hartazgo, inseguridad, cansan, agotan, y nos hacen perdernos de momentos increíbles de la vida. No significa que no las vamos a sentir, está bien, pero que no dominen nuestra vida. Tratarnos bonito es una obligación, ya basta de perpetuar la idea de que no somos suficientes o que a mi primo le va mejor, o que mi familia quiere que haga o sea otras cosas... Basta. Si alguien quiere que seas otra cosa, que ese alguien sea lo que quiera en esta vida, tú vive la tuya.

Obviamente todo esto se puede hacer de la mejor manera, no es que te valga el mundo, es que todos nos amemos primero y respetemos a los demás de la misma forma que deseamos ser respetados.

Síndrome del impostor

> Muchas cosas se hacen problemáticas por una sola razón: el descontento con uno mismo.
> ANNA FREUD

Pauline Clance, psicóloga clínica, acuñó el término de *síndrome del impostor* en 1978. Gracias, tocaya, porque al poder nombrarlo e identificarlo podemos comprender un poco mejor lo que nos pasa, saber de dónde viene y que no solo nos pasa a nosotros, que hay millones en el mundo que lo padecen.

El síndrome del impostor es sentir que todo lo bueno que te pasa es un golpe de suerte: "Se fijó en mí, pero si no soy tan bonita, seguro no me vio bien", "Me dieron este trabajo, pero cuando se den cuenta de que no sé tanto o que no tengo tantos títulos, me lo van a quitar", "Me escogieron para su equipo, pero cuando noten que no soy nada bueno en el deporte, se van a enojar".

Es más, te voy a dar un ejemplo que está pasando en este momento: estoy haciendo una maleta para ir a un evento de fin de semana con puras mujeres y pienso que quizás lo que llevo no se ve bien y que todas van a ir más arregladas; luego no se me da lo de la moda... Así mientras escribo, te lo juro. Entonces estoy silenciando a la voz, calmando a la fiera y pensando en lo que sí es importante. Sin embargo, sigue diciéndome: "Pero has subido de peso y ¿la nadada?". En un punto de mi vida hubiera dejado de ir, pero ahora debo respirar y salir de ese lugar, regresar a la verdad, a lo que en serio importa. Voy a disfrutar de una enorme oportunidad de escuchar y conocer a conferencistas hombres y mujeres, y de oír puntos de vista diferentes, voy a dar el mío y esperar que a alguien le guste y haga clic, que lo que aporte al menos sea un buen momento, y a recordarme que soy valiosa siempre. (Me fue espectacular, y por supuesto se me quitaron esas ideas. Conocí gente lindísima y aprendí mucho. Jamás nadie me vio como mi mente en algún momento me quería hacer creer). Hoy me doy las gracias por todo el tiempo que me he dedicado a ser mejor y a reconfigurarme.

He tenido la oportunidad de entrevistar a muchas mujeres y hombres para mi pódcast M Flow, todos seres humanos exitosos en su vida, pero creo que solo dos no conocían el síndrome del impostor. Los demás dijeron que les pasaba constantemente. Ojalá lo escuchen porque ya hay muchas entrevistas maravillosas de personas que comparten su historia con mucha generosidad y honestidad. Ahí aprendo siempre. Algo que me dejó muy impresionada fue ver este síndrome en personas que jamás lo imaginé. Este síndrome no discrimina, nos da tanto a hombres como mujeres, y el 70% de la población lo ha padecido. Millones.

Existen diferentes causas de este síndrome. Las dinámicas en la infancia (tú no puedes, eso es para niñas o niños, eso no te sale, no lo estás haciendo bien, mejor yo lo hago, te dije que se te iba a caer), o ser ignorados en nuestras necesidades son algunos factores. También los estereotipos físicos, profesionales y familiares.

Híjole, cuánto trabajo es para los papás estar pendientes de cada cosa para que funcionemos mejor, y eso que ahora hay mucha información, y cuánto trabajo individual debemos hacer para quitarnos tantos fantasmas.

Mamás, papás, los abrazo con mucho cariño desde aquí porque sé lo que se siente y necesitamos solidaridad, apoyo, para saber que vamos bien... Y te aseguro que lo estamos haciendo bien, de verdad, estoy orgullosa de mí y de ti porque hemos llegado hasta aquí, porque buscamos herramientas y deseamos que la vida siempre sea mejor para todos.

Haz un test para saber si sufres del síndrome del impostor:

1. ¿Te comparas habitualmente con los demás?
2. Cuando piensas en crear un proyecto, poner una empresa, empezar algo nuevo, escribir un libro, ¿crees que no lo vas a lograr?
3. Cuando los demás te elogian, ¿te cuesta trabajo creerlo?
4. ¿Te cuesta trabajo expresar tus opiniones?
5. Cuando dices lo que piensas y alguien se molesta, ¿te sientes incómodo?

Si en la mayoría respondes "sí", como yo, pues ya sabemos qué nivel de síndrome traemos (ja, ja, ja, ja). Yo sé que lo tengo hasta el tope, pero lo controlo, no reacciono a lo que me dice, más bien acciono y me doy el tiempo para cambiar lo que está diciendo. Así que te aseguro que puedes cambiar el resultado de la respuesta si estás pendiente de ti y de lo que sientes.

Si casi no te identificas, me da mucho gusto, sigue reforzando tu pensamiento positivo y contágialo, es muy necesario.

Pienso que en algún momento de la vida, aunque sea una vez, todos hemos oído esa voz que dice: "No puedes, no lo hagas, no vales, no te ves bien, da susto", esa es la voz del editor del terror. Muchas veces el miedo nos puede frenar de manera racional cuando queremos hacer algo que nos pone en riesgo y puede lastimarnos o lastimar a alguien más. Eso está muy bien, no queremos puro kamikaze en este mundo. Lo que tenemos que hacer cuando pase es decirle a la mente: "A ver qué más tienes, lúcete, impáctame con tu creatividad y luego vete". Cuando te empoderas ante la voz se va, inténtalo. Es un poco como esa frase que dice que "el valiente vive hasta que el cobarde quiere", funciona igual cuando tú eres las dos personalidades, enloquecemos un poco, pero debemos hacer que se calme... Una debe superar a la otra, que gane la que nos hace bien, ¿no?

Por ese síndrome del impostor no hacemos muchas cosas. Nos limitamos, frenamos las ganas y la ilusión, y poco a poco, si nos dejamos influenciar, nos apagamos, dejamos de lado nuestros sueños.

Elizabeth Gilbert, en su libro *Libera tu magia,* hace una lista de temores que nos alejan de los sueños. Yo le puse palomita a varios, pero hay dos que me han acompañado en la vida: *temes que tu trabajo no sea lo bastante importante* y *temes no tener talento*. Bueno, pues hay muchos temores que a veces no quieren soltarnos o no soltamos porque mejor así, para qué le movemos, pero quedarte donde estás no sé si te haga feliz o no o simplemente es lo que hay y punto. Sin embargo, puedo decirte que cuando me he atrevido a hacer las cosas aun con un enorme miedo, como cuando entré al concurso de conductores, he salido de ahí con muchas enseñanzas que me han servido para cambiar mi vida. Cada cosa que te atreves a hacer te hace crecer, si te sale bien o mal como sea creces y te da seguridad; ser quienes tomamos la decisión de realizar lo que deseamos, aunque no sea la mejor experiencia, hará que salgamos con nuevas experiencias para contar.

Quizás la voz no se vaya del todo, pero podemos aprender a bajarle el volumen y poco a poco reconocer el talento que tenemos y todo lo que somos capaces de lograr cuando lo intentamos. Si no lo intentamos creeremos que no somos capaces. Arriésgate, ¿qué tal que te sale bien?

Fallamos más a menudo por exceso de timidez que por exceso de atrevimiento.

DAVID GRAYSON

Relaciones personales

> Lo fundamental para mantenernos felices y saludables a lo largo de la vida es la calidad de nuestras relaciones.
>
> ROBERT WALDINGER

Un estudio realizado por la Universidad de Harvard analiza la respuesta a la pregunta: ¿Cuál es la clave de una buena vida? Esto desde hace más de ocho décadas, en las cuales han seguido a más de setecientas personas para descubrir qué las hace felices.

En el libro *Una buena vida*, Robert Waldinger y Marc Shultz narran todas estas historias y sus conclusiones. La más relevante es que *las buenas relaciones nos mantienen más felices y saludables y no por la cantidad de amigos, familia o parejas, sino por la calidad.*

Y más allá de los estudios, ¿qué tan cerca te sientes de tus seres queridos? Por un lado, siento que la tecnología nos acerca y, por otro, que facilita el no vernos... Como que nos extrañamos menos, percibimos que estamos al tanto de la vida de los demás, aunque sea solo por una foto o una historia. En realidad, nada como estar en el mismo lugar, tocarnos, vernos a los ojos, sentir la energía de la otra persona.

En un mundo donde parece que la forma de relacionarnos ha cambiado tanto, donde no sabemos cuál es ahora la manera de conectar con los jóvenes, si hablar o no por teléfono, si un audio es demasiado largo para contar algo, si mejor solo mandar mensajes o esperar a que se arme plan, es relevante pensar en la importancia de las relaciones. A mí me impacta mucho cómo van cambiando. Además, cuando leo y me entero de que las buenas relaciones salvan vidas y las hacen distintas, me parece que no estamos lo suficientemente conscientes y dejamos que el tiempo pase. No podemos olvidarnos de eso: el tiempo se acaba.

Lo primero que siento que debemos saber es que la única forma que tenemos de encontrar relaciones lindas y saludables es estando saludables. Hay que trabajar en nosotros primero, sé que suena cansado porque a veces ni siquiera sabemos por dónde empezar, pero cuando no estamos bien con nosotros, cualquier relación nos conforma o vivimos la vida sin interés.

A mí me parece muy doloroso que las parejas prefieran no dirigirse la palabra, estar solo porque es lo que toca, engañarse, que decidan seguir sin ni siquiera voltearse a ver antes que hablar de verdad. No me importa si eso ha pasado siempre o no, ¿por qué lo vemos normal? Terminar una relación es muy doloroso, pero vivir infeliz me parece una falta de respeto para quien nos haya dado la vida (para mí, a Dios) y para todo el sistema. Y no solo eso, cuando deciden que sí se van a separar lo hacen como los peores enemigos. Me podrán decir que es porque se pasó de lanza, que fue el peor o la peor, lo que sea, pero seguirse chingando la vida y de paso a los hijos o a quienes los rodean me parece el peor desperdicio de tiempo, de energía, de amor. Solo por ganar o vengarse deciden lastimar sin saber que el peor dolor vendrá después para uno mismo.

Claro que no me voy a meter en las decisiones de nadie, pero en serio, ¿creen que vale la pena? Destruimos nuestras relaciones o las hacemos muy difíciles por poner expectativas en los otros, solo queremos que a fuerza sea así, no nos permitimos sentir y vivir a flor de piel sin juicios. Nos ponemos una carcasa porque hemos aprendido que todo el mundo abusa de nosotros, entonces "de que lloren en tu casa a que lloren en la mía...". Escribo esto y no puedo creer lo que nos hacemos como humanos y lo que hemos llegado a normalizar.

Y no solo en las relaciones personales, también en las laborales veo tanta infelicidad. Las personas quieren tener más, entonces se comportan como mentes pobres, que no tiene nada que ver con lo económico, se vuelven gandallas, quieren quedar bien siempre aunque sea a costa de los demás... Hay una enorme necesidad de ser vistos y a veces las formas no son las correctas.

Nos enseñan a competir. Tienes que salir a ganar porque así es la vida... Es una competencia. Si alguien te gusta, gánaselo a la otra o al otro, que te valga; tú quítale el puesto a como dé lugar; en la guerra y en el amor todo se vale... Y lo peor es que esa guerra es un puesto de trabajo, una idea, una calificación, una persona o simplemente tener la razón, y por eso somos capaces de destruir a alguien más. Nos enseñan a competir todo el tiempo. Los juegos en las fiestas infantiles son competencia tras competencia, no son juegos.

La vida sería mucho más pacífica, amorosa, si la idea fuera salir a dar lo mejor, aprender más para llegar más lejos, para ser mejor contigo mismo... Si amas correr y entras a una competencia, gánate siempre, no al de al lado. Si tú te superas siempre tendrás un mejor lugar, y si hay alguien que corre más rápido, apréndele, pídele que te enseñe, pero no le metas el pie; y si tú corres más rápido y alguien te pide un consejo, dáselo, hay para todos. **Si quieres llegar primero prepárate, no les quites a los demás.**

Pero no, nos hacen vivir pensando en la competencia..., si nos vemos mejor, si tenemos más dinero, si tenemos la familia de revista, si tu coche es nuevo. Es tanto que nos olvidamos de observar a los demás, nos vamos como caballos desbocados y empezamos a desconectarnos, y por eso hay más ansiedad y depresión en el mundo. A las mujeres nos enseñaron a ser enemigas, pero cuando nos unimos somos un equipo espectacular.

Las relaciones personales debemos cuidarlas. ¿Por qué a veces damos por hecho que estarán para siempre? Debemos saber que las personas, por más que nos amen, también se cansan si no reciben cosas lindas de nosotros. Es recíproco. Las relaciones en la vida no tienen que ser tormentosas, lo decía hace rato, bueno, en capítulos anteriores: quien te quiere te trata bien. Pero hay que tratarnos bien primero y saber que eso es lo que merecemos. Hablamos del abandono, pero no olvidemos el autoabandono.

Si tú te dejas, los demás tal vez no puedan quedarse. Las personas con buenas relaciones personales padecen menos ansiedad y depresión... Tiene toda la lógica, pues te sientes acompañado, escuchado, te importa alguien más, llámense amigos, pareja, hijos, tienes interés en estar y compartir. Les importas a los demás.

Hoy le llamé a Vero, mi amiga de la vida, a quien quiero profundamente. Y la verdad es que he perdido la costumbre de llamar por teléfono, ya todo son mensajes. Hoy que la escuché fue tan lindo, el tono de su voz, saber cómo está de verdad no solo por Whats. Al final me dijo: "Gracias por marcarme, qué bonito oírte". Hoy me prometí que buscaré la forma de hablar de vez en cuando con las personas que me importan. Esas son las cosas que los seres humanos no podemos perdernos, no solo por lo que les hacemos sentir a los demás, sino por la alegría que genera el contacto, el interés por quienes amas y te aman. Gracias, mi Veringo, por hacérmelo notar y por tu amistad incondicional, te hablaré más seguido.

Creo que hoy necesitamos esas habilidades sociales, esos detalles, llamar de vez en cuando, dejar el celular a un lado mientras platicamos con alguien más, poner atención a lo que nos cuentan, fijarnos en qué les gusta a las personas que amamos. No solamente es importante lo que nosotros tenemos que decir. Necesitamos tiempo de calidad. Muchas veces no podemos vernos miles de horas o diario, pero que cuando nos veamos sea para compartir, para demostrar interés. Llamar en los cumpleaños, en fechas importantes y uno que otro día para saludar.

Siento que nos hemos vuelto intolerantes cuando suena el teléfono, parece que es un atrevimiento que alguien nos llame sin escribir primero y pues... "cada quien". Pero hace falta voltear a vernos, ver a los demás y que realmente nos importen. Dedicar cinco minutos para escucharnos a nosotros y a los otros cambiaría las relaciones para siempre.

Por cierto, un paréntesis, ¿qué tal cuando decimos "cada quien"? Michelle Rodríguez, una ***standupera***, cantante y actriz mexicana fregonsísima, dice que decir "cada quien" es como si nos quitara lo malos que fuimos en lo que sea que acabamos de expresar. Por ejemplo, si dices: "Mira nada más qué mal se ve desde que la dejaron, pues con razón ya no regresó su ex, bueno, pero mira, cada quien" (ja, ja, ja), es como si estuvieras a punto de que el diablo te lleve por mala onda, pero entonces dices ***cada quien*** y se enoja porque te salvaste y te suelta. Cierro paréntesis. Fue un paréntesis, pero nada alejado del tema de las relaciones humanas, ¿eh? ¿Quién aquí no ha dicho alguna vez ***cada quien***? Ah, verdad.

Es muy importante estar cerca de las personas, pero el reto es hacer que las personas quieran estarlo. Te voy a platicar de mis amados Chavita e Irma, dos grandes amigos y personajes, de verdad es una gozada estar con ellos. Te cuento un poco. Son una pareja tan diferente, pero tan perfecta. Con ellos he aprendido a reírme de la vida, sacar lo mejor de todo. Irma hermosa, que siempre busca el máximo aprendizaje en las circunstancias, es una mujer padrísima. Chavita tan recto, tan puntual. Son mágicos.

Hace tiempo tuvieron un restaurante de mariscos en la Condesa que se llenaba de personas que llegábamos ahí para encontrarnos con ellos. Era delicioso. Pero lo mejor era estar ahí, la energía era tan linda que todos nos sentíamos como en casa. Después se acabó el cevichín, pero jamás los recuerdos.

Cuando logras ser el lugar al que las personas quieren ir, es un reflejo de lo bien que haces sentir a los demás con tu presencia. Ellos vivieron el huracán Otis que devastó Acapulco en 2023, y no importa lo que pasaron, claro que aceptaron el dolor y lo que sintieron, pero jamás dejaron de ver al otro. Cuentan su historia y siempre preguntan por la tuya, se toman el tiempo de escucharte y de reír de la vida porque saben que no es eterna y no hay tiempo que perder. Los quiero tanto, Irma y Chavita... Gracias, y cada quien.

Escuchar a los demás, no tener prisa cuando te platican, dejar de decir siempre: "A mí también me pasó", y no querer adivinar lo que el otro va a contar, nos hace personas deseables y confiables y nos abre la posibilidad de conectar con los demás. Mirémonos a los ojos y pongamos atención. Créanme que los **audiolibros más hermosos son las personas.**

Creo que estamos normalizando cosas que, aunque no nos matan, nos duermen. Por ejemplo: que tu pareja te haga la ley del hielo, que debas fingir que estás bien cuando estás triste, que no quieras ir a algún lugar y no te atrevas a decir que no, que tengamos el celular siempre mientras estamos con alguien, etcétera.

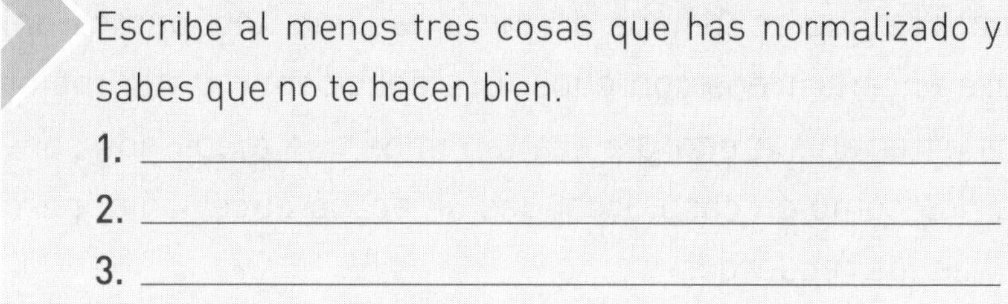

Escribe al menos tres cosas que has normalizado y sabes que no te hacen bien.

1. ______________________________
2. ______________________________
3. ______________________________

No podemos hacer como que no pasa nada, hay que despertar y vivir nuestra vida de verdad. Ojalá podamos hacer que los niños no quieran ver el celular, pero no porque lo prohibimos sino porque sienten que nos importa hablar con ellos, jugar, escucharlos y contarles quiénes somos.

Sé que habrá momentos para jugar en los dispositivos, pero mejor que se sientan tan vistos, tan amados que les guste más hablarnos y jugar juntos, que eso los llene de felicidad. Deseo que las parejas puedan encontrar en el otro más información que en los buscadores, que nos atrevamos a hablar y a confiar en el otro, dejar que confíen en nosotros y que si no confiamos sepamos irnos. Deseo que además de comer con la boca cerrada (que también es muy importante), nuestras aptitudes sociales incluyan voltearnos a ver e invitarnos un café de vez en cuando.

Hay un video muy famoso en redes que junta a personas que se aman, pero no se ven tan seguido como quisieran. Entonces les preguntan: "¿Cada cuánto se ven?". Y hacen un cálculo dependiendo de la edad de las personas y les dicen aproximadamente cuántas veces más se verán. Los resultados y las reacciones son impactantes. Haz cuentas, yo lo hice con muchas personas y este dato me dolió, pero me hizo pensar mucho en qué haré para aumentarlo.

A una de mis mejores amigas, mi hermana Alita, que vive en Australia, la veo cada dos años, no es fácil ni ir ni venir. Ahora pensemos que yo viva hasta los noventa y seis años mínimo, que eso quiero y tengo cuarenta y siete, o sea que me quedan unos cuarenta y nueve años de vida. Si la sigo viendo cada dos años, será la mitad de cuarenta y nueve, así que veré a mi amiga, que amo y disfruto enormemente, **solo veinticuatro veces más**. Nooooo lo puedo creer, debo aprovechar el tiempo con ella y con todos los que amo, hacer más reuniones y encontrar el tiempo.

Deseo tomarme más martinis con mis amados Gaby y Rosas, ahí me siento tan feliz. Brindemos más seguido por la vida, lo malo, lo cursi y la historia que se escribió y se está escribiendo. Quiero encontrar más momentos para ver a mi papá y conocerlo ahora, porque, igual que yo, ha cambiado, quiero verlo jugar con Victoria y que no tengamos que hablar, solo disfrutar el viento o el ruido del mar. Voy a abrazar más a mis amigos, llenarme de recuerdos y risas. Comer más seguido con mi querido Marco R., que ha estado siempre a mi lado, y te aseguro que cantaré más fuerte y constante en MYST con mis seres queridos y los que se sumen.

Iré más seguido a Mérida a disfrutar con mi familia (todos ustedes, familia yucateca). Reconectar con los que no he podido o no me he dado el tiempo. Lolita linda, quiero verte mucho más y conocer lugares mágicos. Quiero hablar mucho más de frente, en persona, con mi mamá, quiero escucharla, seguirle aprendiendo. Brindaré con mis vecinas (del todo), porque la vida no me los puso tan cerca de a gratis Y a quienes veo siempre, valoraré mucho más que están ahí, no lo daré por hecho, los cuidaré más porque siempre están aquí para mí y no me acostumbraré a tenerlos. Haré que el tiempo sea más valioso juntos (familia de besties, los quiero tanto).

Y todas las personas que han ido sumando a mi vida, deseo que hagamos grandes memorias.

Y no se trata de ser trágicos, se trata de ser realistas, la vida se va rápido y no sabemos qué tanto; no suframos porque un día nos vamos a ir, mejor dejemos de sufrir porque estando aquí a veces no nos tenemos.

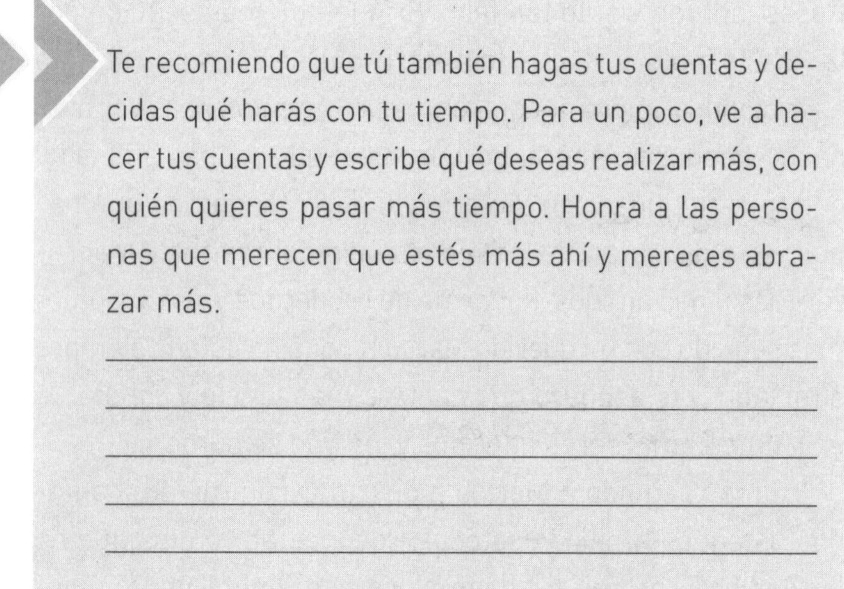

Te recomiendo que tú también hagas tus cuentas y decidas qué harás con tu tiempo. Para un poco, ve a hacer tus cuentas y escribe qué deseas realizar más, con quién quieres pasar más tiempo. Honra a las personas que merecen que estés más ahí y mereces abrazar más.

____

____

____

____

____

Saber que tienes a las personas no las hace eternas, salgamos a disfrutarlas.

Aprendí a vivir (reconocer mi tristeza da alegría)

Muchas veces negamos nuestras emociones porque quizás no queremos que los demás se den cuenta o porque nos hace vulnerables, o tal vez porque en momentos de la vida mostrar una cara que no es la verdadera nos salva o nos hace sentir seguros.

Cuando llegué a terapia con Eva, el día de la crisis, sentí muchas cosas y, conforme fueron pasando las sesiones, un día me di cuenta de que en realidad era una mujer con mucha tristeza acumulada. Llegué corriendo a contárselo en mi siguiente sesión (bueno, no llegué corriendo, nos encanta decir cosas para que se note lo que pasaba). En fin, la vi y le dije que había descubierto qué es lo que me hacía tan sensible, tan llorona. En verdad me hacían llorar muchas cosas y está bien, pero sabía que a veces el motivo no era el real, lloraba desde adentro, desde el alma. Estaba viendo una novela o una peli donde dos personas se decían algo bonito y yo no podía parar.

Descubrí que tenía tristeza acumulada y que nunca la he sacado de verdad, no sé desde cuándo está ahí, pero sé que lleva mucho tiempo. Me dolía el pecho y me sentía débil, pero muy segura de querer experimentar este sentimiento. Reconocí que cuando era niña y adolescente, las personas me decían que yo era muy alegre, que era el alma de la fiesta, que les encantaba estar conmigo, que ponía de buenas a los demás, que siempre apoyaba... Y ahí empecé a sentir cómo salía de mi garganta todo eso que había guardado. Para mí era muy lindo que me vieran así, empecé a sentir que ese era mi papel.

Claro que después del divorcio de mis papás, yo quería que ya no estuvieran tristes ni ellos ni mi hermano ni nadie. Estaba muy chica y fue de manera inconsciente, nadie lo pidió, yo lo elegí porque me di cuenta de que al ser así, los demás se sentían bien, y eso me daba pertenencia después de una huella de abandono como esa, el divorcio de mis padres, en donde al final del día piensas que alguien te dejó o dejará. Y crecí pensando que mi alegría podía mantenerme en un lugar seguro, esa máscara me la puse yo. Todos usamos una de vez en cuando o siempre, para que el mundo vea lo que nos hace sentir mejor, lo que queremos mostrar o de la cual obtenemos un beneficio. Esto no significa que no haya sido feliz o que reprimía todas mis emociones, nooo, tengo mi carácter ja, ja, ja, solamente que cuando no me sentía así me escondía tras la máscara.

El día que acepté mi tristeza y me permití sentirla, me sentí realmente feliz. Mi felicidad era honesta y perfecta, podía sentirme triste y seguir siendo perfecta. Puedo enojarme y eso no me quita nada... Puedo sentir lo que quiera y hacerme cargo de mis emociones, eso me hace grande.

Estar triste no me quitó la felicidad, la hizo mayor, salieron de mí millones de lágrimas guardadas y liberé espacio para sentir lo que quiera. Aprendí a vivir sin esconderme de mí misma, pude decir "estoy triste" y sentir un abrazo. Reconocí con mi hija que me sentía así sin miedo a que eso le hiciera daño, sino, al contrario, enseñándole que cada emoción es válida y que se tome el tiempo de sentirla. Eso es la vida, sentir. Por eso creo que buscar ayuda para desbloquear los niveles es muy buena idea, como en los videojuegos, es solo un empujón al conocimiento de uno mismo.

El origen de todos nuestros males radica en la ignorancia de nosotros mismos.

Alfonso Ruiz Soto

Te juro que cuando te conoces, sanas, y aunque no creas que haya nada que sanar, te transformas. La oportunidad está aquí, ser más feliz o no, sanar o no sanar, aprovechar más el tiempo o que pase como si nada. Ahí están las oportunidades, es tan fácil, solo hay que tomarlas. Esto no es un curso de optimismo, pero nada nos aleja más de la felicidad y la paz que la elección de no ir hacia donde se encuentra, y la felicidad de verdad no está en esos botones de fuga de los que hablamos. Nada de que "con varios chupitos se me olvida", ¿eh?... A veces uno que otro buen brindis, pero no la permanencia voluntaria, porque nos seguimos de refilón y los excesos para escapar nos dañan y lastiman a quienes amamos.

Lo más maravilloso de conocerse es que también decides con quién pasar tu tiempo y valoras mucho el tiempo de quienes están contigo.

¿Hoy con quién te gusta pasar tu tiempo? ¿Quiénes son tu lugar seguro?

____

____

____

____

____

____

*** Si puedes, mándales un mensaje y agradece tenerlos.**

En las crisis me he visto rodeada de amor y risas, tengo unos seres mágicos a mi lado, donde puedo salir y ser yo..., y si quiero llorar, lloramos, y nos reímos y bailamos, los amo de verdad... A mis primas Gigi, Cris, Vivi, Fer, Juan, ustedes saben, a mis primos (son muchos, pero lo saben), mi familia, mis tías y tíos, sobrinos, amigas. Esos espacios donde no hay máscaras, donde ser tú es un regalo (bueno, a veces una lleva la máscara de Blue Demon, pero no diré quién eres, hermana, prima, ja, ja, ja, para esconder tu identidad).

Busca tu lugar seguro, ya no estés donde no estás cómodo. Vivimos en automático, aprendemos algo que nos funcionó y así seguimos programados, en lugar de volver a vernos y saber que hay información más actual. Debemos ir a esa, primero a reconectar con los que verdaderamente somos y, como todo en la vida, después hay que actualizarnos. Las personas tenemos la costumbre de decir: "Ay, nunca cambies, eres lo máximo", y te pido que no hagas caso a eso nunca. **Cambia siempre**, hay que reinventarnos, debemos cambiar porque evolucionamos, claro que no en esencia, lo entiendo, pero sí en presencia. Encuentren su lugar, su gente, y si aman a alguien y no han encontrado la manera, hablen, lleguen a acuerdos, no es fácil, pero es posible, además, ¿qué perdemos con intentarlo?

Tengamos claro que las emociones son químicos y nos hacemos adictos a ellas como a cualquier otra sustancia, entre más la consumes, más la necesitas. Por eso los enojones se enojan más que los demás, ya que necesitan ese químico para vivir, y así los preocupones, los negativos, pero también hacia el otro lado, los positivos son muy optimistas, los amorosos aman más. Yo que me hice adicta a la felicidad, por eso, a pesar de sentir tristeza o frustración, sigo siendo feliz, esa sustancia a mí me encanta. Valentina Luján, en su libro *Ser feliz es para valientes*, explica muy bien la felicidad, puedes ser feliz siempre y no estar feliz siempre. Échale un ojo.

Llorar me hace feliz, la tristeza me da alegría total. Suena loco, pero tiene que ver con la libertad de sentir. Nada de lo que sientas está mal, sé libre de sentirlo y evolucionar.

La ira, el resentimiento y los celos no cambian el corazón de los otros, solo cambian el tuyo.

SHANNON L. ALDER

Una emoción no causa dolor. La resistencia o supresión de una emoción causa dolor.

FREDERICK DODSON

Amor propio (constancia en amarte o *sugar rush*)

~~~~~~~~~~~~

Muchas veces me puse a dieta, empecé a practicar algún deporte, decidí estudiar inglés, fotografía, cocina y mil cosas más. Empezaba con toda la actitud y, como si fuera propósito de Año Nuevo, se vencía a los tres meses. Entonces agarraba la ruta fácil, equivocada pero fácil. Como solamente quería bajar para que los demás me vieran "flaca", tomaba pastillas que me hacían mucho daño, aunque ahí andaba presumiendo que había bajado no sé cuánto... y después volvía a subir de peso y cambiaba de pastillas y tés y detox. Así me la pasaba, con una sed infernal, comiendo pésimo, pero enflacando.

Me prometía hacer ejercicio y lo hacía unos días, y por semanas nada. Regresaba otro día, y además me enojaba por no ver resultados, incongruencia. Empezaba clases de algo y a la mitad las dejaba botadas, por más que pensaba que realmente era mi sueño. Tenía muchos proyectos en mente y no los llevé a cabo. Qué falta de constancia, me enojé mucho conmigo por no cumplir nada. Falta de constancia en el trabajo, en la lectura, en las clases, en los proyectos, en todo.
~~~~~~~~~~~~

Entonces, cuando empecé a trabajar fuertemente en mí, a los cuarenta, ya a profundidad (ja, ja), me di cuenta de algo: el problema sí era la falta de constancia, pero no en todas esas cosas, el verdadero problema era la falta de constancia en **amor propio**. Ahí todo se me iluminó, descubrí que debía retomar ese amor en mí. Ahora todos nos dicen que nos amemos, que es fundamental el amor propio y no sabemos qué hacer. Sí me amaba, pero también me odiaba a veces... entonces no tenía constancia en el amor hacia mí. Por fin sabía qué hacer, cuando las razones que te mueven para hacer algo son las correctas todo se acomoda.

Me amo constantemente, hago ejercicio para cuidarme, como sano porque le hace bien a mi cuerpo, tomo agua, aprendo cosas, empiezo proyectos y aunque me tarde, los acabo, me rodeo de personas que suman.

Intenta no ver en ti al enemigo, sé tu mejor porrista. Quieres aprender inglés, métete a un curso, no lo hagas para que los demás te escuchen hablar, hazlo porque vas a poder cantar las canciones que te gustan y echar rock o leer libros que no están en español, conocer gente, muchas cosas. Con ese aprendizaje harás que tu vida tenga más oportunidades porque te amas.

No significa que no nos cueste trabajo, pero tiene sentido. Si yo dejo de comer porque odio cómo me veo, si quiero aprender porque me veo tonta frente a los demás, si quiero ir al gimnasio para decir en el grupito que yo también voy, todo eso será un castigo y ahí claudicamos, y peor... nos caemos, como una bola de nieve sin parar. Pero si lo hago porque me amo siempre, llega la constancia y, a pesar de la flojera, te juro que vas. Si por algo no te levantas, me escribes y te hago ir, y tú me ayudas a ir, porque sí pasa que hay días en que me quiere ganar la parte mala onda de mi mente, me quiero quedar echada. Entonces, entre más te amas, más crece el amor en ti y menos quieres fingir ser o parecer alguien más.

Amarse a uno mismo es el comienzo de un romance de por vida.

Oscar Wilde

Lo que dice Oscar Wilde es verdad, sí lo es. Cuando te amas, ya no paras y a veces te descubres en actitudes que no están padres y te frenas. Y también nos convertimos en nuestros cuidadores. Cuando tú amas a alguien, hay muchas cosas que haces por él o ella y varias cosas que no te gusta que le pasen. Si ves que alguien lo trata mal, ¿qué haces?, te enojas, lo defiendes o le dices que no lo permita. Si no se cuida cuando está enfermo, lo cuidas o regañas para que piense mejor. Cuando alguien que amas toma de más, ¿qué haces? Si los niños comen muchos dulces, los cuidamos porque sabemos que les puede dar *sugar rush*, o al menos eso dicen, y solo permitimos que se coman un dulce o tres, pero no diez, por el exceso de azúcar, la salud y muchas cosas más. ¿Y por qué nosotros nos tomamos siete cubas o nos comemos veinte tacos?

Tenemos que ser nuestros cuidadores, no estar esperando una mamá o un papá que nos diga qué hacer. Piensa si dejarías que a tu hija o hijo alguien le pegara, le gritara, insultara, amenazara, ¿lo permitirías? Claro que no, pues es lo mismo, todos somos muy valiosos. No permitas que nadie te haga daño, menos tú. ¿Qué haces si alguien se trata mal a sí mismo? Si oyes que tu mamá dice que es una tonta, que se merece lo peor, pues le dices que no es verdad, que no se hable así, que tiene millones de cosas maravillosas, ¿no? Pues haz lo mismo contigo.

Cuidemos lo que hacemos, lo que nos decimos, lo que entra a nuestro cuerpo, no se trata de no poder hacer algo, se trata de hacerlo con amor. Nos merecemos lo más hermoso y no podemos seguir dudando de ello.

Una de las personas que más amo en la vida es a Emiliano, mi sobrino, es un ser maravilloso, tiene veinte años y es un ejemplo de amor propio. A él no le importa qué piensen los demás si va a la fiesta y no toma nada o no fuma. Claro que le han dicho que no sea payaso, que es un aburrido, pero él lo hará solamente si así lo decide, no para encajar. Se cuida mucho, hace ejercicio, busca disfrutarlo todo, en las buenas y en las malas aprende. Siempre lo veo firme en lo que decide, aunque se tarde en decidir, pero cuando lo hace es porque eso quiere hacer. Emiliano es una de las mejores noticias de mi vida, saber que sería tía fue perfecto y, desde ese día hasta hoy, él sigue siendo una gran noticia en mi vida y en la de quienes lo tenemos cerca. Te amo, Emi, admiro todo tu ser y soy feliz de tenerte. Gracias por elegir siempre estar cerca. Aquí estoy.

Lo que puedo ver en la vida de Emi es que no tienen que ser cosas de la edad. No debemos esperar nada para que todo sea mejor, solamente hay que decidirlo.

Esa palabra, como verás, me encanta, pero creo que es la única opción: **Decidir.** Caernos mal a veces, estar de malas, sentir que lo hicimos mal, sí se vale, claro que pasa... Estar incómodos con nosotros mismos, sí pasa. Pero que solamente sea eso y después seguimos para adelante.

Hay varios temas que me mantienen trabajando en mí, algunos me cuestan más que otros, pero te aseguro que hoy me amo y que cuando llegan días en los que no hago ejercicio, no cumplo una meta, subo de peso o lo que sea, en vez de juzgarme, me dedico a hacer cosas que sé que me harán sentir mejor. Más ejercicio, como mejor, más agua, medito, pienso diferente y busco opciones sanas. ¿Cuesta? Sí, pero ya no me permito tratarme mal, reconozco que soy más que eso, y aunque haya comentarios de personas con cero tacto, respiro y me abrazo más que nunca, me doy más amor, me cuido más y busco soluciones.

Hoy que estudio tanto sobre la autoestima, me doy cuenta de que una autoestima elevada es fundamental para alcanzar nuestras metas. Lo que pensamos y sentimos por nosotros definirá nuestro camino y las decisiones que tomemos, la autoestima no es un tema de moda, es una **"necesidad humana profunda y poderosa primordial para la autorrealización"**, como dice Nathaniel Branden.

Hay muchas maneras de mejorar nuestra autoestima, la primordial es DEJAR DE COMPARARNOS CON LOS DEMÁS, hay que compararnos con nosotros mismos para mejorar. Tener una autoestima elevada también es saber cuándo retirarse y con la frente en alto, es aceptar que perdimos o algo falló y continuar aprendiendo. Cuando nos amamos en lugar de compararnos con alguien que se ve muy bien, le va muy bien o es feliz, encontramos la inspiración para mejorar y sentirnos más plenos.

Hay que dejar de ponernos trampas para no alcanzar los sueños o buscar cosas nuevas. Hay que elevar nuestra autoestima para no dejar que se bloquee el camino a la felicidad.

El amor es una cura milagrosa. Amarnos a nosotros mismos hace milagros en nuestras vidas.

LOUISE L. HAY

Empieza hoy

No importa si tienes 1quince, treinta, sesenta, noventa o la edad que sea, empieza hoy a vivir la vida de tus sueños, nunca es demasiado tarde ni se es demasiado joven o viejo para comenzar.

Me encanta que hayamos compartido estas páginas, estas historias, y que hayas llegado hasta aquí, porque aquí es donde te grito: "**Atrévete**, gózala, suéltate el pelo y ve por lo que deseas". Si quieres tomar clases de baile, de canto, ser chef, escribir un libro, acercarte a tu familia, tener pareja, dejar a la que tienes, entrar a un curso de carpintería o simplemente disfrutar la vida que tienes, es el mejor momento para hacerlo. Si el miedo sigue, hazlo con miedo, te prometo que poco a poco desaparecerá, cuando sienta tu plenitud y certeza. Procura a las personas que amas y te aman, pon los límites que necesites para tener paz y respetarte.

Hoy, a mis cuarenta y siete, decidí empezar mis clases de canto, porque me fascina cantar. Hoy a los cuarenta y siete estoy escribiendo mi libro y pienso tomar clases de panadería, fotografía, ser *hippie* aunque sea de vez en cuando en

Zipolite, desnudarme un poco y dejar que la brisa me recuerde todo lo que hay para mí.

Con mi amada Gina, mi hermana del alma, he aprendido que el mejor camino para ser lo que deseo es la **congruencia**, si no la tienes, la ecuación falla. Quizás habrá personas que no entiendan tu franqueza y claridad, no estamos acostumbrados a eso, a la honestidad, pero si eres congruente todo se te dará y quien esté a tu lado estará de verdad. Y entendamos todos que no se trata de lastimar a nadie, pero habrá cosas que hagas que la otra persona no comprenda porque tal vez lo tiene que arreglar dentro de su ser. La respuesta de todo está ahí, en ti. Cu hermosa, tus carcajadas, tu profundidad y todo tu ser han sido luz en este camino. Te amo. Y junto contigo abrazo a mi Vale hermosa.

Haz lo que tienes ganas de hacer, por favor, no dejes pasar más días, busca el cómo sí. Yo me prometo que escribiré muchos más libros y daré conferencias por el mundo, y espero que vayan miles, pero si solamente vas tú, estaré feliz de hablarte y escucharte. Así que te veo pronto.

Me hice un tatuaje del cometa Halley, porque estoy segura de que lo veré al lado de mi hija en 2061, brindando por los que estamos ahí y por los que ya no están, pero que dejaron huella eterna. No importa si las arrugas cambian la forma, yo sé el fondo y haré lo que deseo hacer porque amo vivir y estoy muy agradecida de estar aquí.

Aprendamos a ser de verdad quienes somos, a darle a cada quien su responsabilidad y a tomar la nuestra. No pongamos en los hombros ajenos la carga de nuestra felicidad, pero tampoco tomemos la felicidad de los demás en nuestras manos. Acompañemos, sumemos, seamos libres y respetemos la vida que se nos otorgó.

Busquemos el cómo sí se puede. Si ponemos pretextos nos haremos chiquitos, si lo hacemos creceremos de adentro hacia afuera. La felicidad se nota, deja de ser infeliz o medianamente feliz para ser **inmensamente feliz**. Déjame reconocerte en la calle, saber que esa luz eres tú, que leíste este libro y decidiste aventarte a vivir.

Ámate hoy, a quien te diga que no es tan fácil no lo escuches. De hecho, siempre te has amado y por eso estás aquí, solamente que a partir de hoy demuéstratelo. No tengas miedo si las personas dicen que se van si pones límites, esas son las que se han visto beneficiadas de que no los tengas, así que las personas que te aman estarán ahí y encontrarás nuevas que vibren como tú. Canta hoy, cuídate hoy, baila, respira, decide y elige. **Hoy es el día.**

No importa lo que hayas hecho en el pasado, no importa si tus errores o los de los demás te alejaron de personas que quisieras tener cerca, no importa lo que hiciste, importa lo que haces ahora. Si quieres estar cerca de alguien, llámalo, si quieres cambiar tu vida, cámbiala, las cosas que demostraste antes están bien, pero debes hacerlo hoy.

Quitémonos los juicios, los prejuicios y el yo tengo la razón, o que me busquen ellos. Haz lo que quieras hacer y hazlo con amor. Es por ti, pero impactarás a muchas personas.

Empieza hoy, porque ¿sabes qué? Nos vamos a morir y el tiempo es oro, divino, y puede ser hermoso si aprendemos a vivir.

Bienvenido, bienvenida a TU MAGIA. Gracias por estar aquí y, sigamos caminando juntas, caminemos juntos.

Las personas cambian cuando se dan cuenta del potencial que tienen para cambiar las cosas.

PAULO COELHO

¡Guauuuuuuu! ¡Lo hice! ¡Hice mi libro! Lo acabé y me cumplí. Gracias a mí por demostrarme que sí puedo cuando quiero. GRACIAS, Paulina, te amo siempre. Gracias a ti por leerlo. Gracias a todos los que han sido parte de mi vida porque gracias a eso hoy tengo un libro. ¡Yujuuu! Gracias porque soy tu mamá, Victoria, y me inspiraste siempre. Gracias, Dios, por acompañarme en cada instante de mi vida. Gracias, gracias, gracias.

No se conformen con *sobrevivir* cuando pueden SÚPER VIVIR.

Bendición náhuatl

~~~~~~~~~~~~~

Yo libero a mis padres de la sensación de que han fallado conmigo... Yo libero a mis hijos de la necesidad de traer orgullo para mí, para que puedan escribir sus propios caminos de acuerdo con lo que sus corazones susurran todo el tiempo en sus oídos. Yo libero a mi pareja de la obligación de complementarme. No me falta nada, aprendo con todos los seres todo el tiempo...

Agradezco a mis abuelos y antepasados que se reunieron para que hoy respire la vida... Los libero de las fallas del pasado y de los deseos que no cumplieron, conscientes de que hicieron lo mejor que pudieron para resolver sus situaciones dentro de la conciencia que tenían en aquel momento. Yo los honro, los amo y los reconozco inocentes.

Yo me desnudo el alma delante de sus ojos, por eso ellos deben saber que yo no escondo ni debo nada, más que serle fiel a mi SER y a mi propia existencia que, caminando con la sabiduría del corazón, soy consciente de que cumplo mi proyecto de vida, libre de lealtades familiares invisibles y visibles que puedan perturbar mi paz y mi felicidad, que son en verdad mis únicas responsabilidades.
~~~~~~~~~~~~~

Yo renuncio al papel de salvador, de ser aquel que une o cumple las expectativas de los demás. Aprendiendo a través y solo a través del AMOR... Bendigo mi esencia, mi manera de expresarme, aunque alguien no me pueda entender. Yo me entiendo a mí mismo, porque solo yo viví y experimenté mi historia; porque solo yo me conozco, sé quién soy, lo que siento, lo que hago y por qué lo hago. Yo me respeto y me apruebo. Yo honro la Divinidad en mí y en ti... Somos libres.

Esta obra se terminó de imprimir
en el mes de septiembre de 2025,
en los talleres de Diversidad Gráfica S.A. de C.V.
Ciudad de México